Michał Korkosz

POLEN *vegetarisch*

Bigos, Piroggen & Co.
neu interpretiert

Für die wichtigsten Frauen in meinem Leben, meine Mutter und meine Großmutter: Sie haben mir gezeigt, was für eine große Freude Kochen bedeutet.

stiebner

Inhalt

78
SUPPEN
Zupy

102
HAUPTGERICHTE
Dania główne

128
SALATE & BEILAGEN
Sałatki, surówki i inne dodatki

Einführung

Alles begann mit meiner frühkindlichen Gier. Ich war ein dickes Kind, das alles aß, was es kriegen konnte. Mein Bruder und ich verbrachten jeden Sommer bei unserer Großmutter Zosia. Sie war das Paradebeispiel einer polnischen Großmutter und es bereitete ihr großes Vergnügen, mich permanent zu füttern. Morgens, wenn wir noch unter dicken Daunendecken schlummerten, machte sie sich schon auf den Weg, um in der Bäckerei frisch gebackene Brötchen und Brot zu holen. Danach ging sie auf den Markt und kaufte wunderbar süße Tomaten, und direkt vom Bauern kamen die frischen Eier, die sie dann mit ganz viel Butter, klein geschnittenem Gemüse und Schnittlauch zum Frühstück zubereitete. Wenn ich aufgestanden war, wirbelte ich um ihre Rockschöße herum und beobachtete neugierig, was auf dem Herd vor sich ging. Sie servierte meinem Bruder und mir die Rühreier in einer Pfanne, mit einem Holzlöffel in zwei Hälften geteilt. Wir aßen und sie strahlte, wenn sie sah, wie sehr wir ihr Essen genossen.

Meine Mutter spielte ebenfalls eine wichtige Rolle bei der Entwicklung meiner Persönlichkeit und meiner Liebe zum Essen. Sie ist zwar nicht für ihre Kochkünste bekannt (wobei sie keine schlechte Köchin ist – sie hat einige sensationelle Rezepte im Repertoire!), ist jedoch die wahrhaftigste Feinschmeckerin, die ich kenne, und weiß

gutes Essen zu schätzen wie niemand sonst. In meiner Kindheit schaute sie mit mir Kochsendungen und lieh mir dann ihre Kochbücher, die ich begeistert verschlang und aus denen ich mir Rezepte aussuchte, die ich ausprobieren wollte. Anschließend ließ sie mich – mit neun Jahren! – diese Rezepte nachkochen und nahm dabei auch das unvermeidliche Küchenchaos in Kauf, das ich dabei anrichtete. Nach jedem Versuch erwartete ich aufgeregt ihr Urteil und hoffte, dass ihr meine Gerichte schmeckten. Was sie fast immer taten! Diese Freude, die ich empfand, wenn sie mein Essen mochte, war genau dieselbe, die ich damals in den Augen meiner Großmutter gesehen hatte.

Und so war meine kulinarische Leidenschaft geboren. Ich fand heraus, dass Essen nicht nur der Versorgung des Körpers dient, sondern vor allem auch der Seele guttut. Deshalb begann ich meinen Blog Rozkoszny, ein polnisches Wort, das auf Deutsch »wunderbar« und auch »köstlich« heißt. Und ich schrieb dieses Buch. Ich wünsche mir, dass die Rezepte die Menschen dazu inspirieren, in die Küche zu eilen und die köstlichen Gerichte nachzukochen, um ihren Tag noch ein bisschen mehr *rozkoszny* zu machen.

Meine polnische Küche

Ich bin in Polen geboren und mit der polnischen Kochkunst meiner Mutter und Großmutter aufgewachsen. Als ich selbst kochen lernte, entdeckte ich die Küche anderer Länder: italienische Pasta, französische Desserts und – für mich völlig neu – asiatische Aromen. Sie alle sind aufregend, köstlich und eine Offenbarung, doch über die Jahre habe ich gemerkt, dass ihnen das Eine fehlt, was ich manchmal vermisse: die Nostalgie, die mich in die schönsten, sorglosesten Momente in meinem Leben zurückzuversetzen vermag. Manche Aromen und Düfte sorgen einfach dafür, dass ich mich wohlfühle, und bringen mich zurück in meine Kindheit. Erinnerung ist für mich der sechste Geschmackssinn und Rezepte ein grundlegender Teil unseres kulturellen Erbes

Dieses Buch ist eine Reise, die meine kulinarische DNS offenbart. Es ist meine ganz persönliche Geschichte, und deshalb geht es hier nicht nur um polnische Klassiker. Ich experimentiere mit all meinen Gerichten, bis ich sie nicht mehr weiter verbessern kann. Ich verzichte nicht auf Butter, Honig, Gluten oder Kochtechniken, die Geschmack und Empfinden verstärken. Manchmal sind es kleine Dinge, die den Ton eines Gerichts verändern. Z. B. verleiht die Zitronenschale den *Leniwe* (»Faule« Quarkklößchen, S. 32) eine erstaunliche Frische.

Meine Rezepte sollen dich inspirieren – folge beim

Kochen einfach deinem Bauchgefühl. Wenn du keine Petersilie magst, die ich gern und häufig verwende, ersetze sie durch ein anderes Kraut. Vielleicht magst du Koriandergrün lieber. Falls du kalt gepresstes Rapsöl nicht auftreiben kannst, gar kein Problem: natives Olivenöl extra ist ein guter Ersatz. Ich will dich dazu ermutigen, meine Rezepte deinem persönlichen Geschmack anzupassen.

Es mag dir vielleicht auch seltsam vorkommen, dass dieses polnische Kochbuch keinerlei Rezepte mit Fleisch enthält. Viele assoziieren Polen mit Schweineschnitzel (bekannt als *schabowy*) und der Wurst *kielbasa* (Krakauer), die oft mit Wodka serviert werden. Es stimmt schon: In Polen gibt es wirklich ausgezeichnete Fleischgerichte – ich möchte mein Heimatland hier jedoch aus einem anderen Blickwinkel vorstellen. In unseren Tälern gedeiht wunderbares Gemüse und Obst, es existiert eine unglaublich fortschrittliche Kultur, was Milchprodukte und fermentierte Lebensmittel betrifft, und eine riesige Auswahl an Gerichten auf Getreidebasis. Die polnische vegetarische Küche beinhaltet unser geliebtes nationales Comfort Food *pierogi* (Piroggen), die aus Mehl und dem polnischen *twaróg*, einer Art Quark (S. 50), hergestellt werden.

In diesem Buch widme ich polnischen Suppen, die ganz anders schmecken als Suppen aus anderen Ländern, ein eigenes Kapitel. Jede Jahreszeit hat ihre besondere Suppe: Im Sommer genießen alle die gekühlte pinkfarbene Rote-Bete-Suppe mit knackigem Gemüse (S. 87), im Winter dreht sich alles um den klaren Borschtsch mit fermentiertem Rote-Bete-Saft und Waldpilzen (S. 84). Ihr findet auch mein Rezept für die köstliche vegetarische Mehlsuppe mit getrockneten Steinpilzen (S. 99) auf Sauerteigbasis. Meine ausländischen Gäste sind immer richtiggehend schockiert, wie unglaublich diese Suppe schmeckt.

Ich vertraue dir eine Rezeptsammlung an, die – wie ich hoffe – deinen Appetit auf Polen wecken wird. Vor allem aber wünsche ich mir, dass es dir und deinen Lieben Freude bereitet, die polnischen Köstlichkeiten aus diesem Buch zu kochen.

Meine polnische Speisekammer

Was meine Küche betrifft, bin ich nicht gerade der Organisierteste. Meine Zutaten sind nicht in schicken Gläschen untergebracht und schon gar nicht alphabetisch, nach Farbe oder Größe geordnet. Wenn ich den Schrank öffne, kommt es immer wieder vor, dass mir Päckchen mit getrockneten Kräutern entgegenfallen, die sich dann überall verteilen. Mein Kühlschrank ist klein und daher permanent randvoll mit Lebensmitteln, die ich auf der morgendlichen Einkaufstour unbedingt mitnehmen musste. Abgesehen von diesem Chaos gibt es einige Zutaten, die ich eigentlich immer im Haus habe. Die meisten davon kann man in ganz Europa in gut sortierten Supermärkten oder in polnischen und russischen Feinkostgeschäften kaufen.

Mein Grünzeug kaufe ich fast täglich frisch und saisonabhängig auf Erzeugermärkten in der Gegend. Die Globalisierung hat inzwischen auch Polen erreicht, das meiste Obst und Gemüse ist rund ums Jahr erhältlich. Aber wenn wir mal ganz ehrlich sind: Erdbeeren besitzen nur im Juni diese wunderbare Süße, der Spargel ist der König des Frühjahrs und im Winter freuen wir uns über unzählige Sorten der allerbesten Äpfel. Am schwersten auszuhalten sind die letzten Winterwochen, wenn man das erste Frühlingsgemüse fast schon auf der Zunge schmecken kann. Wenn der Frühling dann wirklich kommt, ist das Obst und Gemüse ein einziger Hochgenuss.

Mehl

Wer frisch gebackenes Brot liebt, sollte immer ein paar Mehlsorten vorrätig haben. Beim Backen verwende ich meistens normales **Weizenmehl** (Type 405), für Hefeteig eignet sich jedoch Weizenmehl Type 550 (Brotmehl) besser. Es besitzt einen höheren Glutenanteil, wodurch mehr Luft im Teig eingeschlossen und gehalten wird, was das Brot lockerer und luftiger macht.

Ich mag den nussigen Geschmack von Vollkorn, deshalb habe ich immer **Vollkornmehl** im Haus, das perfekt ist für meinen Vollkornzopf mit Mandelstreuseln (S. 61). **Roggen** ist mein zweites Lieblingsgetreide, das ich meist für Brot und das wunderbare Roggen-Crumble mit Honigfrüchten (S. 28) verwende.

Mehl scheint ewig haltbar zu sein, aber das täuscht. Nach einem Monat verliert es schon an Geschmack.

Getreide

Ganz typisch für die polnische Küche ist **Buchweizen**. Das dunkelbraune, nussige Korn ist meist geröstet und manchmal geschrotet *(kasza)* erhältlich, es gibt jedoch auch ungerösteten Buchweizen (*niepalona*), der vor dem Röstprozess einen milderen und zarteren Geschmack besitzt. Ein Muss für jeden Foodie! Immer vorrätig habe ich auch **Perlgraupen**, im Risotto ein perfekter Ersatz für Arborioreis. Last, but not least: die hübsche **Goldhirse**, ein echtes Multitalent. Sie glänzt in Salaten wie dem Frühlingssalat mit Hirse (S. 153) oder als Füllung für Gemüse wie Tomaten und in Kohlrouladen. Wunderbar auch in meinem geliebten Hirsepudding mit Blaubeeren und Zitronen-Vanille-Honig (S. 41), der sättigend und unglaublich cremig ist.

Kalt gepresstes Rapsöl

Rapsöl ist in Polen das beliebteste Öl zum Frittieren, ich spreche hier jedoch von nativem Rapsöl, das eigentlich immer unerhitzt verwendet werden sollte. Es besitzt ein erstaunliches Aroma mit Anklängen von Nüssen, Blüten oder gar frischem Gras. Das Öl ist wirklich eine Offenbarung, aber falls du keins im Haus hast, kannst du es auch durch ein sehr gutes natives Olivenöl extra ersetzen.

Butter

Du wirst es noch merken, ich habe einen sehr französischen Standpunkt (der zufällig auch sehr polnisch ist): Nichts geht über Butter! Butter macht alles besser. Ich verwende immer ungesalzene Butter mit vollem Fettgehalt, wie sie in Europa üblich ist. Braune Butter (Nussbutter) gehört zu meinen größten Schwächen – und Geheimwaffen! –, etwa in meinen *Pierogi Ruskie* (S. 163).

Zum Anbraten verwende ich gern **Butterschmalz**, das einen höheren Rauchpunkt hat und deutlich länger haltbar ist als frische Butter. Im Kühlschrank lässt es sich monatelang lagern.

Käse

Polens Nationalkäse ist der **twaróg**. Ich verwende ausschließlich die cremige, vollfette Variante, *ze Strzałkowa*, die es außerhalb Polens in Supermärkten mit polnischem oder russischem Lebensmittelangebot gibt. Auch als »russischer Quark« ist *twaróg* manchmal erhältlich – oder du stellst ihn selbst her (S. 50). Ein säuerlicher, cremiger, köstlicher, vielseitiger und extrem befriedigender Genuss! Als Alternativen eignen sich je nach Rezept Schichtkäse, Frischkäse, Ricotta oder vollfetter Speisequark (diesen am besten durch ein Geschirrtuch auspressen). *Twaróg* kommt bei mir als Topping, Füllung und Aufstrich zum Einsatz und als Hauptzutat im traditionellen polnischen Käsekuchen (S. 186).

Bryndza (Brimsen) aus Schafsmilch, ein regionales Erzeugnis aus der südpolnischen Region Podhale, mag ich auch sehr. Falls du **bryndza** nicht bekommst, kannst du ihn durch Feta ersetzen. Ein weiterer großartiger regionaler Käse ist **oscypek** aus Zakopane am Fuße des Tatra-Gebirges. Dabei handelt es sich um einen geräucherten Käse aus gesalzener Schafsmilch, der nur im Zeitraum von Ende April bis Anfang Oktober hergestellt wird, wenn die Schafe in den Bergen frisches Gras fressen. Davor wird die Milch der Schafe für ihre Lämmer benötigt. Ich nehme *oscypek* gerne zum Grillen wie Halloumi und serviere ihn dann mit einem frischen Salat mit knackigen Äpfeln.

Ziegenfrischkäse ist leicht, cremig und streichfähig und harmoniert wunderbar mit den meisten anderen Zutaten und ganz besonders mit süßen, reifen Früchten – Birne ist mein Favorit. Ein Löffel davon ist das i-Tüpfelchen auf meinen Körnergerichten: Er schmilzt und ergänzt das Essen um eine wunderbar frische Komponente.

Parmesan ist keine polnische Erfindung. Er tauchte hier im 18. Jahrhundert das erste Mal auf und nur die Reichen kamen in seinen Genuss. Auch heute verwenden viele Polen eher einen günstigeren polnischen Ersatz. In den Supermärkten gibt es ausgezeichnete Hartkäse wie **džiugas** oder **bursztyn** (Bernsteinkäse). Aber ab und zu nehme ich für meine Rezepte stattdessen auch gerne mal echten Parmesan.

Buttermilch, Kefir und Sauerrahm

Polen ist ein Land, in dem buchstäblich Milch und Honig fließen! Es gibt hervorragende Milchprodukte von unzähligen einheimischen Betrieben. Ich habe immer eine Flasche **Buttermilch** im Haus, eine der am meisten unterschätzten Zutaten überhaupt. Schon im Namen ist »Butter« enthalten, von der ich, wie erwähnt, gar nicht genug kriegen kann. Mein Buttermilch-Hefekuchen (S. 195) ist supersaftig und schmeckt nach so viel. Die Buttermilchsuppe mit neuen Kartoffeln (S. 91) schmeckt herrlich frisch nach polnischem Sommer, und für die Buttermilchbrötchen (S. 66) muss man einfach nur Mehl, Backpulver und Buttermilch verrühren.

Kefir ist ein fermentiertes Milchgetränk, das gerade an heißen Sommertagen ganz wunderbar schmeckt. In diesem Buch kannst du statt Buttermilch auch Kefir nehmen, wenn du es säuerlicher magst.

In meinem Kühlschrank findest du immer *kwaśna śmietana* – **Sauerrahm**. Der Fettanteil kann variieren, die meisten Marken enthalten zwischen 10 und 22 %. Ich nehme Sauerrahm mit 18 % Fett. Heute ersetzen viele Sauerrahm durch Joghurt, aber ich finde, er hat nicht denselben Geschmack. Nichts lässt sich mit der säuerlichen Cremigkeit von frischer *śmietana* vergleichen. Ich serviere meine Piroggen immer mit einem Klecks davon und gebe sogar ein bisschen zu meinem cremigen Porridge mit Kajmak, Apfel und Walnüssen (S. 31), ein ganz neues Geschmackslevel!

Getrocknete Früchte

Getrocknete Aprikosen, Feigen, Rosinen und Cranberrys sind echte Geheimwaffen, wenn nur Äpfel und Birnen Saison haben. Ich hacke die Trockenfrüchte klein und mische sie unter meinen Porridge, was ihm eine angenehme Süße verleiht. Außerdem verwende ich ständig *suska sechlońska*, **geräucherte Pflaumen**, die in Gerichten ohne Fleisch für mehr Umami sorgen. Beispielsweise ergänzen sie mein Bigos (S. 118). Sauerkraut sorgt für eine weitere herzhafte Komponente. Das Gericht verblüfft alle, weil es so reichhaltig schmeckt, aber keinen Speck enthält. Schwarzer Knoblauch hat für mich ein ganz ähnliches Aroma (ist jedoch nicht geräuchert). Wenn du keine geräucherten Pflaumen bekommst, sind normale Trockenpflaumen plus schwarzer Knoblauch ein guter Ersatz.

Ein Glas mit **kandierter Orangenschale** zählt auch zu den Dingen, die ich immer vorrätig habe. Sie haben etwas köstlich Extravagantes an sich – sie verleihen einer cremigen Füllung ein feines Aroma oder glänzen als luxuriöses i-Tüpfelchen wie etwa auf den glasierten Krapfen mit Rosenblütenmarmelade (S. 196).

Rosenwasser, Rosenblüten und Rosenblütenmarmelade

Ich bin ganz verliebt in das Aroma von Rosen. Diese blumige Note mag etwas altmodisch erscheinen, aber das ist mir egal. Ich habe immer eine Flasche libanesisches **Rosenwasser** zur Hand. Ein Spritzer davon verleiht allem das gewisse Etwas. Ich kann nur dazu raten, eine Flasche zu besorgen. Man bekommt sie in Geschäften mit orientalischem Lebensmittelangebot oder online. **Getrocknete Rosenblütenblätter** sorgen für eine atemberaubende Optik, was vielleicht aromatechnisch keine so große Rolle spielt, aber garantiert deine Gäste beeindrucken wird. **Rosenblütenmarmelade** ist in gut sortierten Feinkostgeschäften oder online erhältlich und passt perfekt als Süßungsmittel in schwarzen Tee. Mit Mascarpone aufgeschlagen und auf Mürbeteig gestrichen wie im Rosen-Mandel-Kuchen (S. 202) ist diese Marmelade eine meiner liebsten Süßigkeiten.

Honig und Zucker

Wenn in meinen Rezepten Zucker vorkommt, handelt es sich immer um weißen **Kristallzucker**. Ich verwende auch **Puderzucker**, meistens für Glasuren oder zum Bestäuben. Als braunen Zucker nehme ich immer **Demerarazucker**.

Ich bin großer Fan von **Honig**. Zu meinem Glück gibt es in Polen unzählige Sorten. Wenn ich auf den Markt gehe, suche ich mir fast jedes Mal eine andere Sorte aus. Meine Lieblingssorten sind Honige von den Blüten von Buchweizen, Blaubeeren und Himbeeren sowie **Honigtau- bzw. Waldhonig**. Das ist kein Blütennektar, denn Honigtau wird von Blattläusen ausgeschieden und von Bienen zu Honig gemacht.

Fermentierte Lebensmittel

In meinem Kühlschrank stehen immer ein paar Gläser mit fermentierten Lebensmitteln, ein perfekter Snack oder eine Beilage zu etwas Fettigem. Dillgurken in Salzlake (S. 237) sind ein Klassiker, der auf Bauernmärkten oder in polnischen Feinkostgeschäften angeboten wird. **Gurken** zu Hause zu fermentieren, ist einfacher, als man denkt – in Polen ist es weit verbreitet. Nach einer Woche fermentieren heißen die Gurken *małosolne* (»ein bisschen salzig«), sie sind superknackig und schmecken immer noch frisch – eine echte polnische Herbstdelikatesse!

Sauerkraut (*kiszona kapusta*) bildet die Basis zahlreicher Gerichte in diesem Kochbuch und ist ein wichtiger Bestandteil der polnischen Küche. Nimm die bestmögliche Qualität, die du dir leisten kannst, oder fermentiere dein Sauerkraut selbst (S. 238). Meine fermentierten **Salzradieschen** (S. 241) solltest du auch probieren. Sie sind nicht so bekannt wie Sauerkraut oder eingelegte Gurken, aber sie besitzen einen ganz außergewöhnlichen Geschmack. Schneller geht's, wenn man ein bisschen mogelt und eine Abkürzung nimmt, sprich: die übrig gebliebene Flüssigkeit von einem Glas Dillgurken in Salzlake. Dann sollte die Fermentation nur 3 Tage dauern.

Hefe

Ich backe immer mit Trockenhefe, die meiner Meinung nach einfacher zu verwenden ist. Man muss nicht wie mit Frischhefe einen Vorteig ansetzen oder sie erst in warmem Wasser auflösen. Sie ist viele Monate haltbar und ich kann mich stets darauf verlassen, dass sie funktioniert. Da ich oft Brötchen und Brote backe, habe ich immer ein paar Päckchen im Vorrat. Ein Päckchen enthält meist 7 g bzw. 2½ TL.

Kräuter und Gewürze

Frische, duftende Kräuter, grob zerzupft über ein Gericht gestreut, können aus einem durchschnittlichen Essen etwas ganz Besonderes machen. Meine kleine Warschauer Wohnung hat keinen Garten, deshalb stehen auf meinem Fensterbrett Kräuter in Töpfen, gewöhnlich **Rosmarin**, **Basilikum**, **Minze** und **Majoran**. **Dill** und **Petersilie**, die in der polnischen Küche unerlässlich sind, werden an allen Ecken auf jedem Markt im Bund verkauft und dort kaufe ich sie auch häufig.

Getrocknete Kräuter und Gewürze sind auch sehr praktisch. Wenn man eine Gewürzdose öffnet, sollten die Gewürze einen intensiven Duft verströmen. Riechen sie nur schwach, wird das damit gewürzte Essen vermutlich auch nach nicht viel schmecken. Um dies zu vermeiden, sollte man Kräuter und Gewürze lieber öfter in kleineren Mengen kaufen. Meine Grundausstattung: **Lorbeerblätter**, **Piment**, **Fenchelsamen**, **Sternanis**, **Gewürznelken**, **Zimt**, **Kümmelsamen** und **edelsüßes** und **geräuchertes Paprikapulver** – ein ganz fantastisches Gewürz, das Gerichten ein kräftiges Raucharoma verleiht und ein

guter Ersatz für den Umamigeschmack von Fleisch ist, etwa bei meinen bretonischen Bohnen (S. 108).

Wodka

Polen haben Wodka im Blut. Wodka gehört zu jeder Party, auch zu Familienfesten. Viele Menschen finden, Wodka besitze weder Geschmack noch Duft noch einen besonderen Charakter, und es stimmt: Der Geschmack ist wirklich sehr schwer zu beschreiben. Die meisten polnischen Wodkas werden aus Weizen, Roggen oder Kartoffeln gebrannt. Auf einem Wodka-Tasting konnte ich selbst erfahren, wie unterschiedlich die verschiedenen Wodkas tatsächlich schmecken, doch am beeindruckendsten fand ich das Finish. Es versetzt dir einen Schlag: Bei Wodka auf Roggenbasis spürt man ihn im Magen, bei Wodka auf Kartoffelbasis in der Kehle und bei Wodka auf Weizenbasis im Mund.

Aber ganz ehrlich: Ich nehme ihn lieber zum Kochen als zum Trinken. Besonders den Bisongras-Wodka (*żubrówka*), der eine kräuterige Note besitzt. Er harmoniert perfekt mit den Kartoffel-Buchweizen-Rouladen (S. 112). Wenn Bisongras-Wodka nicht erhältlich ist, probiere einfach einen anderen Wodka mit Kräuternote.

Bonne Maman

Frühstück

Śniadanie

Das Frühstück ist meine Lieblingsmahlzeit – das war allerdings nicht immer so. In meiner Kindheit hatte ich ein eher gespaltenes Verhältnis zum Frühstücken. Ich war kein heikler Esser (auch wenn meine Eltern das eventuell anders sehen …), aber das allmorgendliche Frühstück war für mich eine Qual. Meine Eltern achteten sehr darauf, dass ich nicht hungrig aus dem Haus ging. Deshalb weckten sie mich besonders früh, weil ich immer ewig brauchte, um etwas hinunterzubekommen.

Am Wochenende jedoch, wenn die Frühstückssituation entspannt war, änderte sich das schlagartig. Niemand war in Eile, und gleich schmeckte das Essen viel besser. Es gab verschiedene Brötchen und großzügig gebuttertes Roggenbrot, frisches Obst und Gemüse, *twaróg* und *jajecznica*, frisch gelegte Landeier, als Rührei in brauner Butter gebraten (S. 46). Als ich älter wurde, wurde mir bewusst, dass ich nicht gerne aß, wenn ich es aus Pflichtgefühl oder purer physiologischer Notwendigkeit tun musste – aber ich liebe es, aus reinem Vergnügen zu essen. Es macht mir Spaß, am Tisch zu sitzen und das Essen und die Freude darüber zu genießen. Heute feiere ich begeistert jede Mahlzeit, angefangen beim Frühstück.

In Polen sitzen wir auch frühmorgens schon am Tisch. Im Gegensatz zu den Gepflogenheiten in romanischen Ländern, in denen das Frühstück häufig auf dem Sprung eingenommen wird oder aus einem Croissant oder Cornetto am Stehtisch besteht, ist es für Polen ein Muss, sich zum Essen an den Tisch zu setzen. Ein altes Sprichwort lautet: »Frühstücke wie ein König, teile dein Mittagessen mit einem Freund und überlasse das Abendessen deinem Feind.« Nun ja, ich richte mich lieber nur nach dem ersten Teil …

Es gibt nicht das eine typische Gericht, das wir zum Frühstück essen, auch wenn fast immer Getreide im Spiel ist. Brot, oft aus Roggen, wird als *kanapki* (süß und herzhaft belegte Brote, S. 45) gegessen oder mit Aufschnitt, Räucherfisch, Pickles oder Rührei. Für Süßschnäbel gibt's in Milch gekochtes Getreide, beispielsweise als Porridge (S. 31) oder als Pudding mit Weizen oder Hirse (S. 41). Ganz wichtig ist *twaróg*: Er kann sowohl süß – mit Honig, Konfitüre und Obst – serviert werden als auch salzig, üblicherweise als Kräuterquark (S. 23).

Auf meinem Frühstückstisch stehen nicht nur polnische Klassiker. Sonnenblumenkernaufstrich mit Dill und Petersilie (S. 24) oder Roggen-Crumble mit Honigfrüchten (S. 28) sind

Rezepte, die ich selbst entwickelt habe, aber ich muss – ziemlich unbescheiden – sagen, dass sie wirklich perfekt zu den anderen polnischen Gerichten in diesem Buch passen. Meine Freunde müssen immer wieder für Experimente herhalten. Ich lade sie oft zum Frühstück ein, das sich manchmal bis in den späten Nachmittag hinzieht, wenn wir von Kaffee auf etwas Stärkeres umsteigen. Polen lieben fröhliche Frühstückspartys. An Weihnachten und Ostern treffen wir uns zum Brunch (auch wenn wir es einfach Frühstück nennen), der von morgens bis nachts dauern kann und bei dem es eher Dinge gibt, die man sonst zum Abendessen isst, etwa Buchweizenblini mit Sauerrahm und eingelegten Zwiebeln (S. 42) – ein Frühstücksgericht, das ebenso auf einer Party am Abend serviert werden kann. Ich begrüße das sehr, denn meine Auffassung darüber, was eine Mahlzeit ausmacht, ist sehr flexibel. Von frühmorgens an esse ich Apfelküchlein (S. 35) oder Quarkklößchen (S. 32) mit Butterbröseln, die in vielen polnischen Haushalten zum *podwieczorek* gegessen werden, einer süßen Zwischenmahlzeit am späten Nachmittag. Es wäre ja wirklich schade, solche Köstlichkeiten nur zu einer einzigen Mahlzeit genießen zu dürfen.

Weißer Käse
mit Radieschen

GZIK

Bei *gzik* handelt es sich um einen Brotaufstrich, der völlig unterschiedlich ausfallen kann, je nachdem, wer ihn zubereitet. Das Grundrezept ist so einfach, dass jeder seine eigene Version davon im Repertoire hat. *Gzik* wird gern auf gebuttertes Roggenbrot gestrichen, meine Großmutter Zosia hat mich jedoch immer mit ihrer traditionellen Variante mit frisch gekochten Kartoffeln und Butter gefüttert. Die Basis ist ein polnischer Quark namens *twaróg*, der in dicken Scheiben angeboten wird – man kann ihn aber auch selbst machen (S. 50). Wer *twaróg* durch Quark ersetzt, gibt weniger Sauerrahm zu, damit das Ganze nicht zu dünnflüssig wird.

ERGIBT: ca. 480 g / **ZUBEREITUNG:** 10 Minuten

250 g twaróg, *Frischkäse oder Quark*

2–6 EL Sauerrahm

1 Bund Radieschen, klein geschnitten, davon 1–2 Radieschen zum Servieren beiseitelegen

12 g Schnittlauch, klein geschnitten, plus mehr zum Servieren

1 EL kalt gepresstes Rapsöl plus mehr zum Servieren

1 TL Senfsamen, gemahlen (optional)

Salz und frisch gemahlener schwarzer Pfeffer

1. Den Käse in einer Schüssel mit einer Gabel zerdrücken, 2 EL Sauerrahm zugeben, um eine geschmeidigere Konsistenz zu erhalten, die Ricotta ähnelt. Ist die Mischung zu dick, bis zu 4 weitere EL Sauerrahm hinzufügen, bis die gewünschte Konsistenz erreicht ist.
2. Radieschen, Schnittlauch, Öl und Senfsamen unterrühren und mit Salz und Pfeffer abschmecken.
3. Zum Servieren die Käsecreme in eine Schüssel füllen, mit den beiseitegelegten Radieschen und mehr Schnittlauch garnieren und mit etwas Rapsöl beträufeln. Auf Brot oder mit frisch gekochten Kartoffeln und Butter genießen.

Tipp: Die Variationsmöglichkeiten für *gzik* sind grenzenlos, sei also ruhig kreativ! Ersetze die Radieschen durch Salatgurke oder nimm beides. Tomaten passen hier ebenfalls sehr gut. Und probier' den Aufstrich auch einmal mit Petersilie, Thymian oder fein gehacktem Rosmarin.

Sonnenblumenkernaufstrich
mit Dill und Petersilie

PASTA ZE SŁONECZNIKA, KOPERKU I NATKI PIETRUSZKI

Warschau wird als eine der veganfreundlichsten Städte weltweit bezeichnet – fast jedes Restaurant hat mindestens zwei Gerichte auf Pflanzenbasis auf der Speisekarte. Beim Sonntagsbrunch im Kulturpalast, einem beeindruckenden Wolkenkratzer, der zahlreiche Bars, Theater und Restaurants beherbergt, durfte ich einen veganen Brotaufstrich aus Sonnenblumenkernen probieren, von dem ich sofort begeistert war. Noch nie hatte ich einen Aufstrich gegessen, der so cremig, nussig und würzig war. Natürlich musste ich ihn zu Hause gleich nachbasteln. Das kalt gepresste Rapsöl, das ich zusätzlich unterrühre, macht die kräuterlastige Creme noch einen Tick besser.

········ **ERGIBT:** 480 ml / **ZUBEREITUNG:** 10 Minuten / **EINWEICHEN:** 8 Stunden oder über Nacht ········

150 g geschälte Sonnenblumenkerne

100 ml kalt gepresstes Rapsöl

1 EL körniger Senf

1 EL frisch gepresster Zitronensaft

30 g Petersilie (etwa 1 Bund), fein gehackt, plus mehr zum Servieren

3 EL gehackter frischer Dill plus mehr zum Servieren

Salz und frisch gemahlener schwarzer Pfeffer

1. Die Sonnenblumenkerne in eine Schüssel füllen und mit Wasser bedecken. Bei Raumtemperatur über Nacht oder mindestens 8 Stunden quellen lassen.
2. Die Sonnenblumenkerne abgießen und abspülen. In einen Mixbehälter geben. Öl, Senf und Zitronensaft hinzufügen und zerkleinern, bis die Mischung eine hummusartige Konsistenz angenommen hat. Währenddessen ein- bis zweimal die Zutatenreste von der Innenseite des Mixbehälters schaben.
3. Petersilie und Dill hinzufügen und mit einem Löffel untermischen. Mit Salz und Pfeffer abschmecken. Ist der Aufstrich zu dick, etwas Wasser oder noch etwas Öl zugießen und erneut pürieren, bis sich die Zutaten miteinander verbunden haben.
4. Zum Servieren den Aufstrich in eine Schüssel füllen und mit mehr Petersilie und Dill bestreuen. Großzügig mit Rapsöl beträufeln. Auf Brot streichen und servieren.

Tipp: Der Aufstrich kann gut vorbereitet werden und ist 2 Tage im Kühlschrank haltbar.

Petersilienwurzel-Walnuss-Creme

PASTA Z PIETRUSZKI I ORZECHÓW WŁOSKICH

Petersilienwurzeln zählen zu meinem Lieblingsgemüse. Richtige Umamibomben, die der klassischen polnischen *warzywny bulion* (Gemüsebrühe, S. 83) einen unglaublichen Geschmack verleihen und geröstet und karamellisiert richtiggehend süchtig machen und toll in Körnersalaten schmecken. Meine Freundin Patrycja hat mir verraten, dass man sie als knackigen Snack sogar wie eine Karotte roh essen kann. So kam es, dass aus meiner Petersilienwurzelliebe dieser milchig nussige und kräuterige Aufstrich entstand. Seine angenehm seidige Konsistenz erhält er dadurch, dass die Petersilienwurzeln in Milch gegart werden, bis sie weich sind. Der Quark schmeckt ganz wunderbar auf frisch gebackenem Sauerteigbrot, das man am besten zusammen mit Freunden auf einer Picknickdecke genießt.

ERGIBT: ca. 650 g / **ZUBEREITUNG:** 10 Minuten / **GARZEIT:** 20 Minuten

450 g Petersilienwurzeln (oder Pastinaken)

750 ml Milch

1 Zweig Rosmarin

1 kräftige Prise Salz

100 g Walnusskerne, grob gehackt

1 Knoblauchzehe

1 TL fein gehackte Rosmarinnadeln plus mehr zum Servieren

3 EL kalt gepresstes Rapsöl plus mehr zum Servieren

1 TL abgeriebene Schale von einer Bio-Zitrone

1. Die Petersilienwurzeln mit Milch, Rosmarinzweig und Salz in einen mittelgroßen Kopf geben. Zum Kochen bringen, dann unter gelegentlichem Rühren etwa 20 Minuten kochen, bis die Petersilienwurzeln vollständig durchgegart sind. Abgießen und dabei 60 ml von der Milch auffangen.
2. Die gegarten Petersilienwurzeln mit Walnusskernen, Knoblauch, gehacktem Rosmarin, Öl und Zitronenschale in einen Mixbehälter füllen. Den Intervallschalter betätigen, bis eine glatte Masse entstanden ist, dabei die aufgefangene Milch zugeben, damit eine cremige Konsistenz entsteht.
3. Zum Servieren den Aufstrich in eine flache Schüssel füllen, mit gehacktem Rosmarin bestreuen und mit mehr kalt gepresstem Rapsöl beträufeln. Auf deinem Lieblingsbrot genießen.

   Tipp: Dieser Aufstrich lässt sich vorbereiten und in einem luftdichten Behälter 4 Tage im Kühlschrank aufbewahren.

Roggen-Crumble
mit Honigfrüchten

MIODOWE OWOCE POD ŻYTNIĄ KRUSZONKĄ

Ein Crumble ist etwas, das man genauso gut mit einer großen Kugel Eis zum Dessert genießen kann wie mit einem Klecks Joghurt zum Frühstück. Das Rezept beginnt mit einer üppigen Streuselmischung aus nussigem Roggenmehl und Haferflocken. Etwas Butter und Zucker sorgen dafür, dass die Streusel nach dem Backen knusprig bleiben, dadurch entsteht ein reizvoller Kontrast zwischen den unterschiedlichen Konsistenzen von knusprigem Topping und weichen Früchten. Die Mischung aus süßem Steinobst und säuerlichen Beeren, die sich mit dem feinen Honigaroma verbindet, macht jeden Bissen zu einer köstlichen Überraschung.

ERGIBT: 3–4 Portionen / **ZUBEREITUNG:** 10 Minuten / **KÜHLZEIT:** 10–30 Minuten / **BACKZEIT:** 40 Minuten

FÜR DEN CRUMBLE

100 g Roggenmehl

40 g Haferflocken

50 g Demerara- oder brauner Zucker

1 Prise grobkörniges Salz

75 g Butter, in Stücke geschnitten und kalt gestellt

FÜR DIE OBSTMISCHUNG

ca. 500 g zerkleinertes Steinobst und Beeren (s. Tipp)

85 g Honig

1 EL Speisestärke

Sauerrahm oder Naturjoghurt (optional)

1. **Für den Crumble** das Mehl mit Haferflocken, braunem Zucker und Salz in eine mittelgroße Schüssel geben. Die Butter hinzufügen und mit den Fingerspitzen einarbeiten, bis die Mischung etwa die Konsistenz von Semmelbröseln besitzt. Den Crumble mindestens 30 Minuten in den Kühlschrank oder 10 Minuten in den Tiefkühler stellen.
2. Den Backofen auf 180 °C vorheizen.
3. **Für die Obstmischung** die Früchte mit Honig und Speisestärke vermischen und in eine Auflaufform füllen.
4. Das Obst mit dem Crumble bestreuen, dann die Auflaufform auf ein Backblech stellen, um eventuell überkochenden Obstsaft aufzufangen. Im Ofen etwa 40 Minuten backen, bis die Obstmischung blubbernd köchelt und das Topping appetitlich goldbraun ist.
5. Warm oder abgekühlt und nach Lust und Laune mit Sauerrahm oder Joghurt servieren.

Tipp: Der Crumble kann 2 Tage vor dem Backen vorbereitet und in die Form geschichtet werden. Diese luftdicht verschließen und im Kühlschrank lagern.

Meine liebste Obstkombi: Himbeeren, Blaubeeren und Pfirsiche, im Herbst Äpfel und Birnen. TK-Beeren funktionieren auch – dann den Crumble ein bisschen länger backen.

Cremiger Porridge
mit Kajmak, Apfel und Walnüssen

OWSIANKA

Haferbrei hat nicht gerade den besten Ruf. Viele verbinden damit einen matschigen Albtraum aus Kindertagen. Aus kernigen Frühstücksflocken lässt sich jedoch eine wunderbare Mahlzeit zaubern, wenn man sie mit den richtigen Zutaten kombiniert. Diese unglaublich cremige Variante mit ihrer feinsäuerlichen Sauerrahmnote, die vom Honig zart ausbalanciert wird, hebt den Haferbrei in ganz andere Sphären. Salz ist ebenfalls eine wichtige Zutat – es mag vielleicht unnötig erscheinen, doch tatsächlich intensiviert es den Geschmack und stellt ein Gleichgewicht zwischen den anderen Aromen her. Ich esse meinen Porridge gern mit saftigen Apfelstückchen, knackigen Walnusskernen und einem Esslöffel gutem Kajmak.

ERGIBT: 2 Portionen / **GARZEIT:** 15 Minuten

80 g Haferflocken

1 starke Prise Salz

60 g Sauerrahm

2 EL Honig

2 EL Kajmak (s. Tipp) oder Dulce de leche

1 mittelgroßer Apfel (200 g) der Sorte Granny Smith, vom Kerngehäuse befreit und klein geschnitten

2 EL gehackte Walnusskerne (20 g)

1. Die Haferflocken mit 360 ml Wasser und Salz in einen mittelgroßen Topf geben. Bei niedriger Temperatur ohne Deckel und ohne Umrühren erhitzen, bis die Haferflocken die gesamte Flüssigkeit aufgenommen haben, was 7–8 Minuten dauert.

2. Sauerrahm, Honig und weitere 60 ml Wasser hinzufügen und unterrühren. Ohne Deckel 2–3 Minuten simmern lassen, bis die Mischung eingedickt ist, dabei ab und zu umrühren.

3. Zum Servieren den Porridge auf zwei Schüsseln verteilen. Auf jede Portion 1 EL Kajmak, die Hälfte des klein geschnittenen Apfels und 1 EL Walnüsse geben.

Tipp: Um Kajmak zu Hause selbst herzustellen, 1 Dose (400 g) gesüßte Kondensmilch ungeöffnet in einen großen Topf stellen, den Topf mit so viel Wasser füllen, dass es 3–5 cm hoch über der Dose steht. Langsam erhitzen, bis es ganz sanft kocht, dann 3 Stunden bei niedriger Temperatur köcheln lassen. Darauf achten, dass die Dose beim Kochen immer mit Wasser bedeckt ist. Die Dose vor dem Öffnen vollständig abkühlen lassen. Im Kühlschrank hält sich Kajmak 1 Monat lang.

»Faule« Quarkklößchen

LENIWE

Leniwe bedeutet »faul«, was diese Klößchen perfekt beschreibt. In Polen werden sie traditionell als Wohlfühlessen zu einem späten Frühstück oder sogar als süßes Mittagessen serviert. Sie besitzen eine zart schmelzende Konsistenz und ein komplexes, leicht säuerliches Aroma. *Leniwe* werden gewöhnlich mit *twaróg* zubereitet, cremiger werden sie allerdings mit Quark. Das Geheimnis meiner Klößchen sind Zitronenschale, die für ein frisches und spritziges Aroma sorgt, und meine persönliche Technik: Beim Formen der Klößchen bin ich nämlich besonders faul – und sie werden jedes Mal perfekt!

ERGIBT: 2–4 Portionen / **ZUBEREITUNG:** 10 Minuten / **GARZEIT:** 10 Minuten

FÜR DEN TEIG

250 g twaróg *(S. 50) oder Quark*

1 großes Ei

1 TL abgeriebene Schale von einer Bio-Zitrone

1 EL Zucker

40 g Weizenmehl plus mehr nach Bedarf

FÜR DAS TOPPING

3 EL frische oder getrocknete Semmelbrösel (s. Tipp)

1 TL Zucker

1 Prise Salz

2 EL Butter (30 g)

1. Für den Teig den Käse mit Ei, Zitronenschale und Zucker in einer mittelgroßen Schüssel mit einer Gabel zerdrücken. Das Mehl zugeben und unterrühren.
2. Den Teig auf die bemehlte Arbeitsfläche legen und falten, bis er glatt und elastisch ist. Bei Bedarf noch etwas Mehl zufügen.
3. Aus dem Teig zwei Kugeln formen. Jede Kugel zu einem etwa 30 cm langen, dünnen »Seil« rollen. Diese quer in 2,5 cm lange Stücke schneiden.
4. Einen großen Topf mit Wasser zum Kochen bringen. Die Klößchen – wenn nötig, portionsweise – hineingleiten lassen. Wenn sie nach 2–3 Minuten an der Oberfläche schwimmen, mit einem Schaumlöffel herausnehmen und in einem Sieb abtropfen lassen.
5. Für das Topping eine Pfanne erhitzen und die Semmelbrösel 1–2 Minuten rösten, bis sie sich goldbraun zu färben beginnen. Dann Zucker, Salz und Butter zugeben. Unter Rühren anbraten, bis die Brösel sich mit der Butter verbunden haben.
6. Zum Servieren die Klößchen auf Teller verteilen und mit den Butterbröseln bestreuen.

Tipp: Normalerweise verwende ich gekaufte Semmelbrösel. Als selbst gemachte Variante kannst du ein Weißbrot ohne Kruste nehmen, das du in etwa 2,5 cm große Stücke schneidest und im Mixer mithilfe der Intervalltaste zerkleinerst, bis sich das Brot in Semmelbrösel verwandelt hat.

Apfelkrapfen

RACUCHY

Racuchy sind ein so vielseitiges Essen, dass es gar nicht so einfach war, zu entscheiden, in welchem Kapitel ich das Rezept nun unterbringe. Ich esse sie als süßes Mittagessen, als leichtes Abendessen oder auch zu einem späten Frühstück – und so machen es alle, die ich kenne! Manchmal bereite ich sie auch mit Hefeteig zu, was allerdings deutlich mehr Zeitaufwand bedeutet. Diese Variante ist genauso köstlich und so viel einfacher.

ERGIBT: 2–3 Portionen / **ZUBEREITUNG:** 5 Minuten / **BACKZEIT:** 15 Minuten

130 g Weizenmehl

1 EL Zucker

1 gestrichener TL Backpulver

1 kräftige Prise Salz

1 gestrichener TL gemahlener Zimt

1 großes Ei, leicht verquirlt

180 g Buttermilch

2 mittelgroße Äpfel (etwa 400 g) der Sorte Golden Delicious, geschält, vom Kerngehäuse befreit, in dünne Scheiben geschnitten und klein gehackt

2 EL Butterschmalz (30 g)

Puderzucker

Apfelkompott mit brauner Butter und Cidre (S. 230)

1. Das Mehl mit dem Zucker, dem Backpulver, dem Salz und dem Zimt in einer großen Schüssel mit einem Schneebesen verrühren. Das Ei und die Buttermilch hinzufügen und unterschlagen. Die zerkleinerten Äpfel unterheben.

2. Das Butterschmalz in einer großen antihaftbeschichteten Pfanne bei mittlerer Temperatur erhitzen. Es soll den gesamten Pfannenboden bedecken. Vom Teig 2 EL pro Küchlein abnehmen und mit ausreichend Abstand in die Pfanne geben. Backen, bis die eine Seite goldbraun gefärbt ist, was 2–3 Minuten dauert, dann wenden und nochmals 2–3 Minuten backen, bis auch diese Seite gebräunt ist. Mit einem Sieblöffel aus der Pfanne nehmen und kurz auf Küchenpapier abtropfen lassen. Den restlichen Teig auf dieselbe Weise backen.

3. Zum Servieren mit Puderzucker bestäuben und mit Apfelkompott bestreichen.

Tipp: Die Äpfel weglassen (wie es viele Polen tun) oder gegen ein anderes Obst austauschen, beispielsweise klein geschnittene Pflaumen oder Erdbeeren, Blaubeeren oder Himbeeren.

Pfannkuchen
mit Quark und Rosenblütenblättern

NALEŚNIKI

Früher warteten freitags nach der Schule zu Hause immer *naleśniki* auf mich. In der Schule träumte ich schon davon, was ich wohl dazu essen würde. Es gab so viele Optionen: die Erdbeerkonfitüre meiner Mutter, Schokoaufstrich (mein damaliger Favorit) oder Quark und Früchte. Mein Vater stand am Herd und buk Tonnen von Pfannkuchen für mich und meine Freunde. Stundenlang über der heißen Pfanne zu schuften, war seine Art, mir seine Liebe zu zeigen. Ich denke, das habe ich von ihm geerbt, denn es macht mir so viel Freude, diese Pfannkuchen für meine Lieben zu backen. Besonders liebe ich an den Pfannkuchen, dass sie zugleich dünn und weich sind – das kommt vom Sprudelwasser, das den Teig fluffiger macht. Normalerweise backe ich die Pfannkuchen zum Wochenendfrühstück mit einer Füllung aus weichem *twaróg*, kandierter Orangenschale und Rosenblütenblättern. Am nächsten Tag in Butter angebraten sind sie sogar noch besser – so esse ich sie oft, nachdem meine Gäste gegangen sind.

ERGIBT: 6–8 Stück / **ZUBEREITUNG:** 10 Minuten / **BACKZEIT:** 30 Minuten

FÜR DIE PFANNKUCHEN

100 g Weizenmehl

1 kräftige Prise Salz

½ TL Zucker

130 ml Milch

130 ml Mineralwasser mit Kohlensäure

1 großes Ei

35 g Butter, geschmolzen

1 EL Butter (15 g)

FÜR DIE FÜLLUNG

250 g twaróg *(S. 50) oder Quark (s. Tipp)*

125 g Frischkäse oder Sauerrahm plus mehr zum Servieren

2 Eigelb

50 g Zucker

2 EL fein gehackte kandierte Orangenschale

1 EL Rosenwasser

1 Prise Salz

ungespritzte Rosenblütenblätter

bitte umblättern …

1. **Für den Pfannkuchenteig** das Mehl mit Salz, Zucker, Milch, Mineralwasser, Ei und 1 TL geschmolzener Butter in den Mixer geben und zum Vermischen den Intervallschalter betätigen.

2. Eine mittelgroße antihaftbeschichtete Pfanne bei mittlerer bis hoher Stufe erhitzen. Mit 1 EL geschmolzener Butter einpinseln. Vom Teig 3–4 EL in die Pfanne geben und schwenken, bis der Pfannenboden gleichmäßig vom Teig überzogen ist. Den Pfannkuchen backen, bis sich an der Oberfläche Bläschen bilden und die Ränder golden und knusprig sind, was 2–3 Minuten dauert. Die Pfannkuchenränder mithilfe eines Silikonpfannenwenders lösen, dann vorsichtig und schnell wenden. Etwa 1 Minute backen, bis sich an der Unterseite braune Flecken bilden. Den Pfannkuchen auf einen Teller legen. Mit dem restlichen Teig genauso verfahren, den Pfannenboden bei Bedarf erneut mit Butter einpinseln.

3. **Für die Füllung** den *twaróg* oder Quark mit dem Frischkäse in einer mittelgroßen Schüssel zerdrücken und vermischen. Dann Eigelb, Zucker, kandierte Orangenschale, Rosenwasser und Salz zugeben und unterrühren.

4. Die Pfannkuchen nacheinander flach ausbreiten. 2 EL Füllung in die Mitte setzen und die Seiten über der Füllung zur Mitte hin einschlagen. Den Pfannkuchen von unten her aufrollen.

5. In einer schmiedeeisernen Pfanne 1 EL Butter bei niedriger Temperatur zerlassen. Die gefüllten Pfannkuchen auf beiden Seiten goldbraun und knusprig anbraten, etwa 2 Minuten pro Seite. Vor dem Servieren mit Rosenblütenblättern bestreuen.

Tipp: Statt *twaróg* oder Quark funktioniert auch Ricotta. Er ergibt eine cremigere, aber weniger säuerliche Füllung.

Cremiger Hirsepudding mit Blaubeeren und Zitronen-Vanille-Honig

BUDYŃ JAGLANY

Kaum zu glauben, dass dieser unglaublich köstliche Pudding wirklich als Frühstück durchgeht. So seidig und cremig, dass er auf der Zunge zergeht. Kocht man Hirse mit klein geschnittenem Apfel, wird sie etwas süßer und noch einen Tick luftiger. Du kannst zum Pudding alles essen, was du gern magst, aber die saftige Blaubeersauce und der Zitronen-Vanille-Honig sind meine Traumtoppings.

ERGIBT: 2 Portionen / **GARZEIT:** 15 Minuten

FÜR DEN HIRSEPUDDING

100 g Hirse

ca. 550 ml Milch

1 mittelgroßer Apfel (200 g), geschält, vom Kerngehäuse befreit und klein geschnitten

1 Prise Salz

1 TL Honig

1 TL Butter (5 g)

FÜR DIE BLAUBEERSAUCE

80 g Blaubeeren (frisch oder TK)

1 TL frisch gepresster Zitronensaft

1 EL Zucker

FÜR DEN ZITRONEN-VANILLE-HONIG

3 EL Honig

2 EL frisch gepresster Zitronensaft

1 Vanilleschote

1. **Für den Hirsepudding** die Hirse mit heißem Wasser abspülen und gut abtropfen lassen. Von der Milch 480 ml abmessen und mit dem Apfel und dem Salz zum Kochen bringen. Die Hirse unterrühren und bei aufgelegtem Deckel etwa 15 Minuten bei niedriger Temperatur garen, bis sie die gesamte Flüssigkeit aufgenommen hat.
2. Die gegarte Hirse-Apfel-Mischung in einen Mixer füllen. Den Honig, die Butter und 60 ml von der restlichen Milch hinzufügen, dann zu einer homogenen Masse pürieren. Die übrige Milch unterrühren, um eine puddingartige Konsistenz zu erhalten.
3. **Für die Blaubeersauce** die Blaubeeren mit dem Zitronensaft und dem Zucker in einen kleinen Topf geben. Zum Kochen bringen und vom Herd nehmen.
4. **Für den Zitronen-Vanille-Honig** den Honig mit dem Zitronensaft in eine kleine Schüssel füllen. Das Mark der Vanilleschote auskratzen, hinzufügen und alles vermischen. (Die Schote anderweitig weiterverwenden.)
5. Zum Servieren den Hirsepudding in Schüsseln verteilen. Die Blaubeersauce darauf anrichten und mit dem Zitronen-Vanille-Honig beträufeln.

Buchweizenblini
mit Sauerrahm und eingelegten Zwiebeln

GRYCZANE BLINY Z KWAŚNĄ ŚMIETANĄ I PIKLOWANĄ CEBULĄ

Ich misstraue Menschen, die behaupten, Blini seien altmodisch. Mit diesen zarten Buchweizenpfannküchlein wird jeder Tag zum Fest. Serviert werden die Blini mit dem obligatorischen Klecks Sauerrahm und etwas frischem Dill, das herzhafte i-Tüpfelchen bilden Kapern und eingelegte rote Zwiebeln.

ERGIBT: ca. 14 Stück / ZUBEREITUNG: 15 Minuten / KÜHLZEIT: 2 Stunden
GEHZEIT: 1–1½ Stunden / BACKZEIT: 15 Minuten

FÜR DIE EINGELEGTEN ZWIEBELN

2 mittelgroße rote Zwiebeln (etwa 300 g), sehr dünn gehobelt

60 ml Apfelessig

50 g Zucker

4 Pimentkörner

2 Gewürznelken

FÜR DIE BLINI

140 g Buchweizenmehl

130 g Weizenmehl

1 Päckchen Trockenhefe (7 g)

½ TL Salz

½ TL Zucker

240 ml Milch, lauwarm

2 EL Sauerrahm

3 EL Butter (45 g), geschmolzen, plus mehr zum Backen

3 große Eier, getrennt

ZUM SERVIEREN

Sauerrahm

Kapern

frischer Dill, gehackt

1. **Für die eingelegten Zwiebeln** die Zwiebeln in ein sauberes Einmachglas füllen. Den Essig mit dem Zucker, 120 ml Wasser, dem Piment und den Gewürznelken in einen kleinen Topf geben, aufkochen und rühren, bis sich der Zucker aufgelöst hat. Die Flüssigkeit ins Glas gießen, sodass die Zwiebeln damit bedeckt sind. Auf Zimmertemperatur abkühlen lassen, dann kalt stellen.

2. **Für den Bliniteig** die Mehle mit Hefe, Salz und Zucker in einer großen Schüssel mischen. Milch, Sauerrahm, Butter und Eigelbe hinzufügen und mit dem Schneebesen glatt rühren. Den Teig abgedeckt 1–1½ Stunden an einem warmen Ort gehen lassen.

3. In einer mittelgroßen Schüssel die Eiweiße aufschlagen, bis weiche Spitzen stehen bleiben, dann behutsam unter den Teig heben.

4. Den Ofen auf 100 °C vorheizen. Eine große antihaftbeschichtete Pfanne mit geschmolzener Butter einpinseln und bei mittlerer Temperatur erhitzen. Pro Blini 2 EL Teig mit genügend Abstand in die Pfanne geben. Backen, bis sich an der Oberfläche Bläschen bilden und zu platzen beginnen, was 2–3 Minuten dauert. Die Blini wenden und etwa 2 Minuten backen, bis sie sich auf der Unterseite goldbraun färben. Im Ofen warm halten. Den restlichen Teig auf dieselbe Weise verarbeiten.

5. Zum Servieren die Blini auf einer Platte anrichten. Etwa 1 TL Sauerrahm auf jedes Blini geben. Eingelegte Zwiebeln und Kapern darauf anrichten und mit Dill garnieren.

Tipps: Der Teig kann bis inklusive Schritt 2 vorbereitet und abgedeckt 8–12 Stunden im Kühlschrank aufbewahrt werden. Vor dem Backen Zimmertemperatur annehmen lassen.

Die eingelegten Zwiebeln sind im Kühlschrank 2 Wochen haltbar.

Belegte Brote
süß & herzhaft

KANAPKI NA SŁONO I SŁODKO

Eine *kanapka* ist nichts anderes als eine Scheibe gutes Brot, mit dem belegt, was man gerne isst. Belegte Brote, oft gebuttert und mit Schinken-, Käse- und süßen Tomatenscheiben belegt, gehören in Polen zu den wohl beliebtesten schnellen Frühstücksoptionen. Ich selbst betrachte eine *kanapka* jedoch wie ein Gemälde, bei dem nur meine Kreativität das Limit setzt. Bei mir wird ein Brot jedes Mal anders belegt. Hier sind einige meiner Lieblingskombis.

ZUBEREITUNG: ca. 5 Minuten

SÜSS

Sauerrahm, Erdbeeren, Honig und Minze

Eine Scheibe getoasteten Hefezopf oder Brioche mit Butter und Sauerrahm bestreichen. Mit in dicke Scheiben geschnittenen Erdbeeren und frischer Minze belegen. Mit Honig beträufeln.

Butter, Zartbitterschokolade und Chili

Eine Scheibe Hefezopf oder Brioche mit Butter bestreichen. Mit grob gehackter Schokolade und Chiliflocken bestreuen. Im Ofen bei 200 °C 5 Minuten lang backen, bis die Schokolade schmilzt und das Brot geröstet ist.

***Twaróg*, Gurke und Honig**

In dünne Scheiben geschnittene Salatgurke mit frisch gepresstem Zitronensaft, Salz und Pfeffer würzen. Eine Scheibe Sauerteigbrot mit *twaróg* bestreichen, mit den Gurkenscheiben belegen und mit etwas Honig beträufeln.

***Twaróg*, Himbeermarmelade und Rosenblätter**

Eine Scheibe getoasteten Hefezopf oder Brioche mit *twaróg* bestreichen. Himbeermarmelade darauf verteilen und mit Rosenblütenblättern bestreuen.

HERZHAFT

***Oscypek*-Käse, saurer Apfel und Majoran**

Oscypek oder geräucherten Mozzarella in einer Pfanne braten, bis er leicht geschmolzen ist. Eine Scheibe Sauerteigbrot mit Apfelscheiben und dem Käse belegen. Mit getrocknetem Majoran bestreuen.

Mayonnaise, Tomate, Limettensaft und Dill

Eine Scheibe getoastetes Sauerteigbrot mit Mayo bestreichen. Mit in Scheiben geschnittener reifer Tomate und gehacktem Dill belegen. Mit frisch gepresstem Limettensaft beträufeln. Mit Meersalzflocken und frisch gemahlenem schwarzem Pfeffer würzen.

Ziegenfrischkäse, Birne, Walnüsse, Rosmarin

Eine Scheibe getoastetes Sauerteigbrot mit Ziegenfrischkäse bestreichen. Mit in Spalten geschnittener reifer Birne, gehackten Walnusskernen und frischem Rosmarin belegen. Mit Honig beträufeln.

Butter, Radieschen, Pfeffer und Meersalz

Weiche Butter mit zerstoßenem schwarzem Pfeffer würzen. Eine Scheibe Sauerteigbrot damit bestreichen und mit dünnen Radieschenscheiben belegen. Mit Meersalzflocken bestreuen.

Rührei mit brauner Butter

JAJECZNICA

Jajecznica bedeutet für mich Sonntagsfrühstück mit der Familie, wenn alle hungrig sind und niemand in Eile ist. Ich werde nie den Geschmack der *jajecznica* vergessen, die meine Großmutter damals für mich und meinen Bruder gemacht hat. Sie servierte sie uns beiden stets in einer Pfanne und trennte sie mit einem Holzlöffel sorgfältig in zwei Portionen. Ich aß meine immer mit grob zerkleinerten Tomaten und Dill oder Schnittlauch, und so esse ich sie auch heute noch. Das Einzige, was ich verändert habe, ist, dass ich die Rühreier jetzt in brauner Butter (»Nussbutter«) anbrate, so erhalten sie einen nussigeren, cremigeren Geschmack.

ERGIBT: 2 Portionen / **ZUBEREITUNG UND GARZEIT:** 10 Minuten

2 EL Butter (30 g)

4 große Eier

Meersalzflocken und frisch gemahlener schwarzer Pfeffer

frischer Schnittlauch, gehackt

Tomaten, in Stücke oder Scheiben geschnitten

Sauerteigbrot

1. Die Butter 3–4 Minuten in einer mittelgroßen Pfanne bei niedriger Temperatur erhitzen, bis sie sich goldbraun gefärbt hat und aromatisch duftet.
2. Die Eier mit einem Pürierstab oder einer Gabel verquirlen, mit Salz und Pfeffer würzen. Die Eier in die Pfanne mit der heißen braunen Butter gießen. Bei hoher Temperatur unter ständigem Rühren etwa 2 Minuten anbraten, bis das Rührei gerade eben gestockt ist.
3. Die Eier auf zwei Teller verteilen und mit dem Schnittlauch und dem Meersalz bestreuen. Mit Tomaten und Sauerteigbrot servieren.

Arme Ritter
mit Buttermilch und Honig

TOSTY FRANCUSKIE NA MAŚLANCE

Es war nicht immer so, dass Arme Ritter etwas Besonderes waren. Mein Vater nannte sie »Eierbrot«, da er dafür einfach nur Brot in Ei tauchte. Wenn ich mir heute an einem Wochenende etwas Gutes tun möchte, tauche ich altbackenen Hefezopf in eine Buttermilchmischung, was dem Ganzen ein komplexeres Aroma verleiht. Mit etwas warmem flüssigem Honig beträufelt, der an den Fingern klebt, sind diese Armen Ritter der beste Grund, sich auf den Sonntag zu freuen.

ERGIBT: 2 Portionen / **ZUBEREITUNG:** 5 Minuten / **GARZEIT:** 15 Minuten

2 große Eier

160 g Buttermilch

80 ml Milch

1 EL Honig plus mehr zum Servieren

½ TL Vanilleextrakt

1 Prise Salz

6 Scheiben Hefezopf oder Brioche (je 2 cm dick)

2 EL Butter (30 g)

2 EL Pflanzenöl

1. In einer großen Schüssel die Eier mit Buttermilch, Milch, Honig, Vanille und Salz verquirlen. Die Hefezopf- oder Briochescheiben einzeln nacheinander in der Eimischung einweichen, dabei mehrmals wenden. Herausnehmen und auf einem Teller beiseitestellen.

2. Je 1 EL Butter und Pflanzenöl in einer großen Pfanne bei mittlerer bis niedriger Temperatur erhitzen. Die Hälfte der getränkten Brotscheiben in die Pfanne geben und 3–4 Minuten anbraten, bis die Unterseite goldbraun gefärbt ist. Wenden und nochmals 2–3 Minuten anbraten, bis diese Seite ebenfalls eine appetitlich goldbraune Färbung angenommen hat. Aus der Pfanne nehmen und zum Abkühlen auf einen mit Küchenpapier ausgelegten Teller legen. Die restlichen Scheiben auf dieselbe Weise ausbacken, davor erneut je 1 EL Butter und Pflanzenöl in die Pfanne geben.

3. Zum Servieren die Armen Ritter auf einer großen Platte anrichten und mit Honig beträufeln.

Tipp: Wenn du für dieses Rezept den Vollkornzopf (S. 61) nehmen möchtest, weiche die Brotscheiben etwa 10 Minuten in der Buttermilchmischung ein und drücke sie dabei sanft nach unten, bis sie sich vollgesogen haben, aber nicht matschig sind.

Polnischer Quark

TWARÓG

Ich muss zugeben, ich bin nicht immer ein Fan von *twaróg* gewesen. Aber das änderte sich schlagartig, als ich die cremige Variante aus Strzałkowo, einer kleinen Stadt im Westen Polens, probierte: Sie zergeht förmlich auf der Zunge. Wenn ich diesen Quark nicht bekommen kann, stelle ich meinen eigenen *twaróg* her. Er ist fettreich und cremig und der perfekte Ersatz für die gekaufte Version. Eine Scheibe frisch gebackener Hefezopf mit Butter, selbst gemachtem *twaróg* und Honig ist eine echte Delikatesse!

ERGIBT: 675 g / **ZUBEREITUNG:** 15 Minuten / **GARZEIT:** 1 Stunde
RUHEZEIT: 1 Stunde / **KÜHLZEIT:** 2 Stunden

2 l Buttermilch

480 g Sahne

480 g Sauerrahm

1 kräftige Prise Salz

1. Die Buttermilch mit Sahne und Sauerrahm in einen großen Topf geben. Ohne Deckel bei niedriger Temperatur 50–60 Minuten köcheln lassen, bis sich der Quark von der flüssigen Molke trennt. Den Herd ausschalten und bei aufgelegtem Deckel 1 Stunde ruhen lassen. (Dadurch lässt sich der Quark besser abtrennen.)

2. Ein großes Sieb mit einer Lage Musselintuch auskleiden, das Sieb in eine große Schüssel stellen. Den Quark in das Sieb gießen. Die flüssige Molke fließt ab und sammelt sich in der Schüssel, der feste Quark bleibt im Sieb zurück (s. Tipp).

3. Das Musselintuch an den Ecken anheben und das Tuch über dem Quark zu einer Art Bündel zusammenbinden. Das Bündel im Sieb liegen lassen und das Sieb in der Schüssel für mindestens 2 Stunden im Kühlschrank abtropfen lassen.

4. Den *twaróg* in einen Behälter legen und nach Belieben mit Salz mischen. Im Kühlschrank lagern, wo er 5 Tage haltbar ist.

Tipp: Die Molke nicht entsorgen. Du kannst sie als Eiweißbooster in Smoothies verwenden oder als erfrischendes Getränk pur trinken. In einem luftdichten Behälter ist sie im Kühlschrank bis zu 1 Woche haltbar.

Brot & Gebäck

Chleb i wypieki

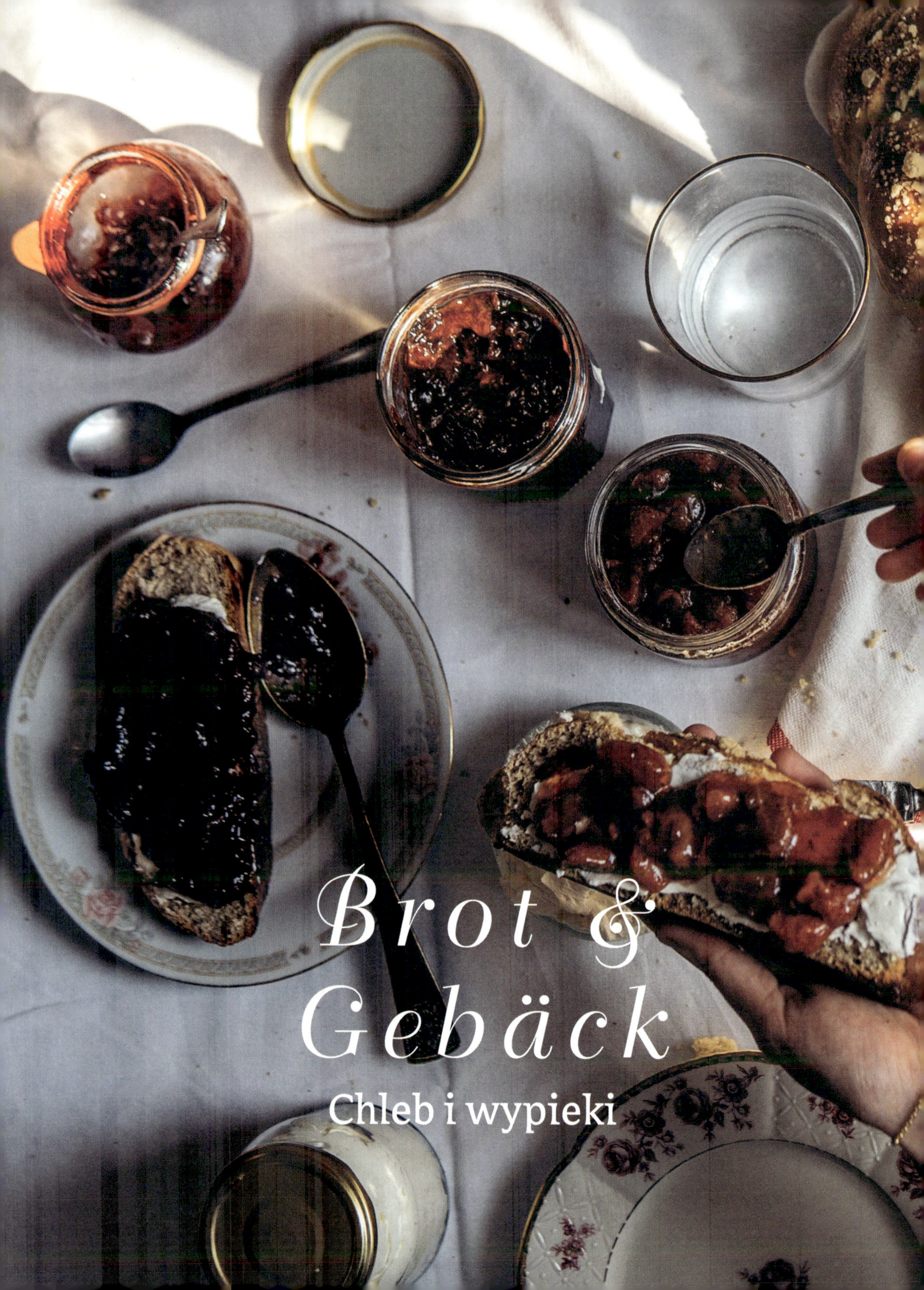

Der Duft von frisch gebackenem Brot ist einfach herrlich. Ich liebe es, in Bäckereien zu gehen, auch wenn ich eigentlich gar nichts kaufen muss. Ich laufe einfach nur herum und werfe den großzügig mit Mehl bestäubten großen Brotlaiben verliebte Blicke zu. Ich lausche dem Knistern der Kruste, wenn die Damen hinter der Verkaufstheke das Lieblingsbrot ihrer Kund:innen verpacken, und stelle mir vor, wie knusprig das Brot wohl ist und wie es schmecken wird. Nichts empfinde ich als tröstlicher als eine Scheibe frisch gebackenes Sauerteigbrot, dick mit Butter bestrichen. So schmeckt für mich Zuhause.

Als es so weit war, dass ich das Zuhause meiner Kindheit verließ, um an der Universität von Warschau zu studieren, vermisste ich das Brot oder vielmehr die Wärme und die Harmonie, die es für mich bedeutete. In den ersten paar Monaten fühlte ich Leere, Sehnsucht und Einsamkeit. Natürlich kann man in Warschau überall Brot kaufen, doch diese Brote schmeckten einfach nicht wie zu Hause. Und damals konnte ich mein Brot auch noch nicht selbst backen. Die Küche in meinem neuen Apartment war sehr klein und der Ofen funktionierte nicht richtig. Nach einiger Zeit entdeckte ich dann in einer Bäckerei am anderen Ende der Stadt den perfekten Laib Brot. Jeden Montagabend ging ich zu dieser Bäckerei und nahm einen Laib Vollkornweizensauerteigbrot mit nach Hause. Dort schnitt ich ihn in Scheiben, verteilte massenhaft Krümel auf der ganzen Arbeitsfläche und genoss die Brotscheiben mit viel Butter. Und langsam stellte sich der gewohnte Geschmack von Zuhause ein, den ich so vermisst hatte.

Brot spielt in der polnischen Kultur eine grundlegende Rolle. Traditionell werden Frischverheiratete mit Brot und Salz beschenkt, einem Symbol für Wohlstand und Beständigkeit. Diese Tradition stammt noch aus der slawischen Zeit. Unter den großen polnischen Dynastien der Jagiellonen und Piasten beruhte der Reichtum des Landes auf dem in Bochnia und Wieliczka gewonnenen Salz. Brot bildete die Ernährungsgrundlage und stillte den Hunger von Tausenden von Menschen. In der religiösen Symbolik wird das Brot gleichgesetzt mit dem Körper von Jesus Christus und bis zum heutigen Tag wird häufig ein Kreuz in die Oberfläche eines Brots geritzt.

Zwiebel-Mohn-Brötchen

CEBULARZE

Dieses Rezept ist inspiriert von den *cebularze lubelskie*, Weizenbrötchen mit einem Belag aus gewürfelter Zwiebel und Mohn, die aus der Stadt Lubin (Lüben) im Südosten Polens stammen. Sie sind weich mit einem Hauch von Süße, knuspern aber bei jedem Bissen. Den Mohn bitte nicht weglassen, er trägt ebenfalls dazu bei, dass diese Brötchen etwas ganz Besonderes sind.

···· **ERGIBT:** 12 Stück / **ZUBEREITUNG:** 20 Minuten / **GEHZEIT:** 1½ Stunden / **BACKZEIT:** 20 Minuten ····

FÜR DEN TEIG

520 g Weizenmehl

2 Päckchen Trockenhefe (insgesamt 14 g)

1 EL Zucker

1 EL Salz

60 ml kalt gepresstes Rapsöl oder ein anderes neutrales Öl

220 ml Milch, erwärmt

1 EL Sauerrahm

FÜR DAS TOPPING

2 EL Butter (30 g)

5 kleine weiße Zwiebeln (insgesamt ca. 500 g), in dünne Scheiben geschnitten

1 TL Zucker

1 mittelgroßer säuerlicher Apfel (200 g) wie Granny Smith, geschält, vom Kerngehäuse befreit und klein geschnitten

1 großes Ei

1 EL Milch

2 EL Mohnsamen

1 EL Meersalzflocken

2 EL kalt gepresstes Rapsöl

Salz und frisch gemahlener schwarzer Pfeffer

1. **Für den Teig** in einer Schüssel das Mehl mit Hefe, Zucker und Salz vermischen. Öl, Milch und Sauerrahm unterrühren. Mit dem Knethaken 5–6 Minuten auf mittlerer Stufe zu einem geschmeidigen, weichen Teig verkneten. Mit Frischhaltefolie oder einem Geschirrtuch abgedeckt 1–1½ Stunden an einem warmen Ort gehen lassen.

2. **Für das Topping** die Butter in einer großen Pfanne bei mittlerer Temperatur erhitzen. Zwiebeln, Zucker und 1 Prise Salz hinzufügen. Unter gelegentlichem Rühren etwa 15 Minuten anbraten. Den Apfel zugeben und zugedeckt bei niedriger Temperatur weich garen. Mit mehr Salz und Pfeffer abschmecken. Abkühlen lassen.

3. Die Luft aus dem Teig drücken, den Teig in 12 Stücke teilen. Die Stücke jeweils zu Kugeln formen und zu etwa 10 cm großen Talern flach drücken. Auf ein mit Backpapier ausgelegtes Backblech setzen und pro Taler 1 gehäuften EL Topping daraufgeben.

4. In einer kleinen Schüssel Ei und Milch verrühren. Die Teigränder um die Füllung herum damit bestreichen, dann die Brötchen mit Mohnsamen und Meersalzflocken bestreuen. Abgedeckt 30–45 Minuten ruhen lassen.

5. Den Backofen auf 190 °C vorheizen. Die Brötchen etwa 20 Minuten backen. Aus dem Ofen nehmen und vor dem Servieren mit Rapsöl bestreichen.

Tipp: *Cebularze* schmecken warm am besten. Falls welche aufgewärmt werden müssen, diese auf ein Backblech legen, locker mit Alufolie abdecken und 10 Minuten bei 190 °C aufbacken.

Morgendliches No-Knead-Brot

BEZPROBLEMOWY CHLEB PSZENNY

Meine große Liebe zum Brot habe ich von meiner Mutter geerbt. Sie hat so viele wunderschöne Laibe Brot für mich gebacken, allerdings muss bei ihr immer alles schnell gehen. So kam sie auch zu diesem No-knead-Brot, das einfach mit einem Holzlöffel zusammengerührt wird und – wie der Name schon verrät – nicht geknetet werden muss. Dieses noch warme knusprige Brot mit angenehm fest-elastischer Krume am Morgen ist einfach nur köstlich!

····· **ERGIBT:** 1 Laib / **ZUBEREITUNG:** 10 Minuten / **GEHZEIT:** 12 Stunden / **BACKZEIT:** 50 Minuten ·····

450 g Weizenmehl plus mehr zum Bestäuben

1 TL Trockenhefe (3 g)

2 TL Salz

1. Das Mehl mit Hefe und Salz mischen, dann 350 ml zimmerwarmes Wasser zugießen und mit einem Holzlöffel verrühren, bis kein trockenes Mehl mehr zu sehen ist. Der Teig sollte ziemlich zerrupft und ungleichmäßig aussehen. Die Schüssel mit Frischhaltefolie abdecken und bei Zimmertemperatur über Nacht 8–12 Stunden gehen lassen.

2. Etwa 1 Stunde vor dem Backen das Backofengitter in der Ofenmitte einschieben. Einen großen geschlossenen Dutch Oven oder Schmortopf mit Deckel daraufstellen. Den Ofen auf 250 °C vorheizen.

3. Die Arbeitsfläche leicht bemehlen und den Teig daraufgeben. Mit etwas mehr Mehl bestäuben, dann den Teig zweimal über die gesamte Teigfläche zusammenfalten. Dann schnell zur Kugel formen, mit einem Geschirrtuch abdecken und mindestens 30 Minuten gehen lassen, bis der Ofen vorgeheizt ist.

4. Den Deckel von Dutch Oven oder Topf abnehmen und den Teig hineinlegen. Die Oberfläche mit einer Küchenschere oder einem scharfen Messer einschneiden. Dadurch kann das Brot beim Backen besser aufgehen.

5. Den Deckel auflegen und das Brot 30 Minuten backen, bis es vollständig aufgegangen ist. Den Deckel abnehmen und weitere 20–30 Minuten backen, bis die Oberfläche einen tief goldbraunen Farbton angenommen hat.

6. Das Brot mithilfe eines Messers oder Spatels vorsichtig aus dem Dutch Oven nehmen. Vor dem Anschneiden mindestens 30 Minuten auf einem Gitterrost abkühlen lassen.

Vollkornzopf
mit Mandelstreuseln

PEŁNOZIARNISTA CHAŁKA Z MIGDAŁOWĄ KRUSZONKĄ

Das Wunderbare an einem Hefezopf ist seine Vielseitigkeit. Als Kind habe ich jeden Freitag einige Scheiben mit Butter und Marmelade zum Frühstück gegessen, wobei ich immer sorgfältig die Rosinen herauspulte. (Ich hasse Rosinen!) Samstags wurde der Zopf dann in Eier und Milch getaucht, goldbraun angebraten und mit Puderzucker bestäubt. Und sonntags verspeisten wir ihn geröstet mit köstlichem geschmolzenem Käse. Einen Zopf zu backen, lohnt sich in jeder Hinsicht. Und jeder liebt diese Vollkornversion, die eine nussigere Note mitbringt. Ich bestreue sie zusätzlich mit buttrigen Mandelstreuseln, die dem Zopf einen reichhaltigeren Geschmack verleihen.

···· **ERGIBT:** 2 Stück / **ZUBEREITUNG:** 10 Minuten / **GEHZEIT:** 50 Minuten / **BACKZEIT:** 40 Minuten ····

FÜR DEN TEIG

420 g Weizenmehl Type 550 (Brotmehl) plus mehr zum Bestäuben

280 g Vollkornweizenmehl, bevorzugt steingemahlen

100 g Zucker

2 Päckchen Trockenhefe (insgesamt 14 g)

Salz

2 große Eier

2 große Eigelbe

60 g Butter, geschmolzen

FÜR DIE MANDELSTREUSEL

3 EL Vollkornweizenmehl

2 EL blanchierte gemahlene Mandeln

3 EL Demerara- oder brauner Zucker

1 kräftige Prise Salz

2 EL kalte Butter (30 g)

bitte umblättern …

1. **Für den Teig** die Mehle mit Zucker, Hefe und 1 EL Salz in einer Rührschüssel vermischen. In einer kleinen Schüssel 1 Ei mit 2 Eigelben verrühren. Mit der geschmolzenen Butter und 300 ml lauwarmem Wasser zur Mehlmischung geben. Auf mittlerer Stufe 1 Minute mit den Knethaken vermischen. Dann auf mittlerer bis hoher Stufe etwa 10 Minuten kneten, bis der Teig seidig weich ist. Wenn man ihn mit dem Finger eindrückt, sollte er sich fest und elastisch anfühlen.

2. Den Teig in eine saubere Schüssel legen. Mit Frischhaltefolie abdecken und etwa 50 Minuten an einem warmen Ort ruhen lassen, bis sich sein Volumen verdreifacht hat. Ob der Teig fertig aufgegangen ist, lässt sich prüfen, indem man mit der Fingerspitze eine Delle in die Teigmitte drückt. Bleibt die Delle bestehen, mit dem nächsten Schritt fortfahren. Falls nicht, den Teig weiter gehen lassen.

3. **Für die Mandelstreusel** das Vollkornweizenmehl mit blanchierten gemahlenen Mandeln, Zucker und Salz vermischen. Die Butter hinzufügen und mit den Fingerspitzen verreiben, bis die Mischung etwa die Konsistenz von Semmelbröseln besitzt. Mindestens 30 Minuten im Kühlschrank kühlen.

4. Wenn er fertig gegangen ist, den Teig in zwei Portionen teilen. Während die eine Teigportion bearbeitet wird, die andere mit einem Geschirrtuch abdecken, damit sie nicht austrocknet.

5. Für einen Zopf mit drei Strängen den Teig in drei gleiche Portionen teilen. Für einen Zopf mit vier Strängen entsprechend in vier. Die Portionen jeweils zu einem etwa 2,5 cm dicken Strang rollen.

6. Die Stränge auf der sauberen Arbeitsfläche nebeneinanderlegen und das obere Ende zusammendrücken. Für einen Zopf mit drei Strängen die einzelnen Stränge wie folgt flechten: Den rechten Strang über den mittleren Strang legen, dann den linken Strang über den (neuen) mittleren Strang legen und so weiter. Wenn das Ende der Stränge erreicht ist, die Enden zusammendrücken. Für einen Zopf mit vier Strängen mit dem äußeren rechten Strang beginnen und diesen nach links über den nächsten Strang legen. Nun den äußeren linken Strang unter den zweiten von links und über den nächsten Strang führen. Dann den rechten wieder über diesen legen, den linken wieder einweben. Dieses Muster fortsetzen, bis die Stränge vollständig geflochten sind. Den zweiten Zopf auf dieselbe Weise fertigstellen.

7. Die Zöpfe mit reichlich Abstand auf ein großes, mit Backpapier ausgelegtes Backblech setzen. Das übrige Ei mit 1 EL Wasser und 1 Prise Salz verquirlen und damit die Zöpfe bestreichen. Mit den Streuseln bestreuen.

8. Den Backofen auf 180 °C vorheizen. Das Backblech in die Ofenmitte einschieben und 35–40 Minuten goldgelb backen. Auf einem Gitterrost abkühlen lassen.

   Tipp: In einer Brotbox oder erst in ein Geschirrtuch gewickelt, dann in einem Gefrierbeutel verpackt, halten sich die Zöpfe sehr gut einige Tage bei Zimmertemperatur. Gut verpackt kann man sie auch 3 Monate einfrieren. Zum behutsamen Auftauen am besten eingepackt über Nacht in den Kühlschrank legen.

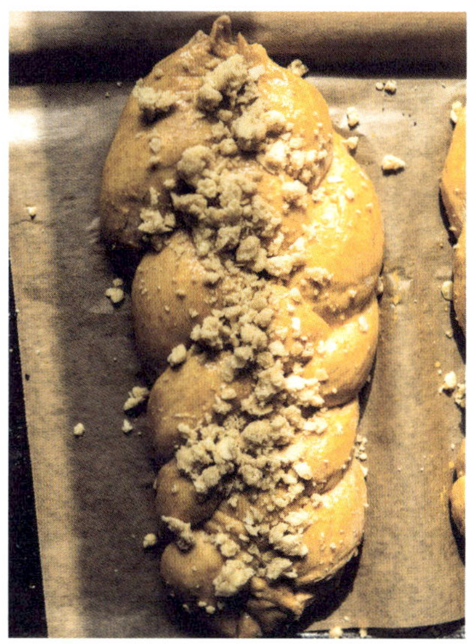

Hefepiroggen aus dem Ofen
mit Buchweizen, twaróg und Minze

KRASNOBRODZKIE PIEROGI Z KASZĄ GRYCZANĄ, TWAROGIEM I MIĘTĄ

Diese Piroggen sind außergewöhnlich und gleichzeitig ganz bezaubernd in ihrer Schlichtheit. Das Rezept für gebackene Piroggen – im Prinzip handelt es sich um herzhafte gefüllte Brötchen – stammt von der Familie meines Vaters aus der Kleinstadt Krasnobród in der wunderschönen Region Roztocze. Wir fuhren jedes Weihnachten dorthin und meine Großmutter bereitete diese Piroggen immer für einen späten Brunch zu. Obwohl damals alle dagegen waren, nahm sie für die Buchweizen-Käse-Füllung gern getrocknete Minze. Ich finde die Idee großartig.

···· **ERGIBT:** 12 Stück / **ZUBEREITUNG:** 30 Minuten / **GEHZEIT:** 1½ Stunden / **BACKZEIT:** 35 Minuten ····

FÜR DEN TEIG

320 g Weizenmehl plus mehr zum Formen

1 Päckchen Trockenhefe (7 g)

1 EL Zucker

½ TL Salz

1 großes Ei

120 ml Milch

60 g Butter, geschmolzen

FÜR DIE FÜLLUNG

100 g ganze Buchweizenkörner

2 EL Butter (30 g)

2 mittelgroße weiße Zwiebel (150 g), klein gehackt

3 Knoblauchzehen, in Scheiben geschnitten

170 g twaróg *(S. 50), Ziegenfrischkäse oder Feta, zerkrümelt*

½ TL getrocknete Minze

Salz und frisch gemahlener schwarzer Pfeffer

ZUM BESTREICHEN

1 großes Ei

1 EL Milch

ZUM SERVIEREN

1 EL kalt gepresstes Rapsöl

Meersalzflocken

frische Minzeblätter

1. **Für den Teig** das Mehl mit Hefe, Zucker und Salz in eine Rührschüssel geben. Ei, Milch und geschmolzene Butter hinzufügen. Mit Knethaken auf mittlerer bis hoher Stufe etwa 8 Minuten kneten, bis der Teig seidig weich ist. Mit einem Geschirrtuch abdecken und etwa 1½ Stunden gehen lassen, bis sich sein Volumen verdoppelt hat. Wenn man ihn mit dem Finger eindrückt, sollte er sich fest und elastisch anfühlen.

2. Während der Teig geht, **die Füllung** herstellen. Dazu 240 ml gesalzenes Wasser in einem mittelgroßen Topf zum Kochen bringen. Den Buchweizen hineingeben und 15 Minuten abgedeckt bei niedriger Temperatur kochen lassen, bis er die gesamte Flüssigkeit aufgenommen hat. Vom Herd nehmen und abgedeckt beiseitestellen.

3. Die Butter bei mittlerer Temperatur in einer Pfanne erhitzen. Zwiebel und Knoblauch hineingeben und unter häufigem Rühren 4–5 Minuten anbraten, bis sie weich sind. Zum Buchweizen in den Topf geben. *Twaróg* und getrocknete Minze hinzufügen und unterrühren. Mit Salz und reichlich schwarzem Pfeffer abschmecken. Vollständig abkühlen lassen.

4. Die Arbeitsfläche leicht bemehlen und den Teig daraufgeben. Mit etwas Mehl bestäuben und zweimal über die gesamte Teigfläche zusammenfalten. Den Teig in 12 gleiche Portionen teilen. Jede Portion zu einem 10 cm großen Kreis ausrollen. Von der Buchweizenfüllung 1–2 EL in die Kreismitte setzen, den Teig so um die Füllung herum formen, dass die Teigränder oben zusammenstoßen. Diese zusammendrücken, sodass die Füllung innen eingeschlossen ist.

5. Die Brötchen mit der Nahtstelle nach unten auf ein mittelgroßes, mit Backpapier ausgelegtes Backblech setzen, dabei ausreichend Abstand lassen, damit sie aufgehen können. Mit einem Geschirrtuch abdecken und an einem warmen Ort etwa 30 Minuten gehen lassen, bis sie deutlich an Volumen gewonnen haben. Den Backofen auf 180 °C vorheizen.

7. Das Ei mit der Milch in einer kleinen Schüssel verquirlen. Behutsam die Brötchen damit einpinseln. Die Brötchen 30–40 Minuten goldbraun backen.

8. Aus dem Ofen nehmen und mit dem Rapsöl bestreichen. Mit Meersalzflocken und frischen Minzeblättern bestreuen. Heiß servieren.

Tipp: Statt getrockneter Minze einfach einen Teebeutel mit Pfefferminztee aufschneiden. Oder frischen oder getrockneten Oregano nehmen.

Buttermilchbrötchen
aus der Pfanne

PROZIAKI

Diese Spezialität ist für meine Heimatregion Podkarpackie im Karpatenvorland im Südosten Polens am typischsten. Die Brötchen bestehen lediglich aus Mehl, Buttermilch oder Kefir, Ei, etwas Salz und Natron. Da sie so schnell zubereitet sind, wurden sie ursprünglich immer dann gebacken, wenn kein Brot im Haus war – sie sind aber so köstlich, dass ich sie an jedem Tag der Woche essen würde. Proziaki schmecken am besten direkt aus der Pfanne, zusammen mit Butter und Meersalzflocken oder mit der Lieblingsmarmelade.

ERGIBT: 15–20 Stück / **BACKZEIT:** 4 Minuten

520 g Weizenmehl plus mehr zum Formen

2 TL Natron

1¼ TL grobkörniges Salz

1 Ei

360 ml Buttermilch

1. Das Mehl mit Natron und Salz in einer großen Schüssel mischen. Das Ei und die Buttermilch hinzufügen, dabei unablässig rühren, bis ein klebriger Teig entsteht.
2. Die Arbeitsfläche mit Mehl bestäuben und den Teig daraufgeben. Dann 1–2 Minuten kneten, bis er einigermaßen geschmeidig geworden ist. 2 cm dick ausrollen. Mit einem Ausstecher oder einem umgedrehten Glas 5 cm große Taler ausstechen.
3. Eine große gusseiserne oder antihaftbeschichtete Pfanne bei hoher Temperatur erhitzen, dann auf mittlere bis niedrige Temperatur einstellen. Die Teigtaler in die Pfanne legen. Falls nötig, die Teigtaler portionsweise backen, damit sie sich in der Pfanne nicht berühren.
4. Die Brötchen in der offenen Pfanne 1½–2 Minuten pro Seite backen, bis sie eine appetitlich goldbraune Färbung angenommen haben.
5. Die fertig gebackenen Brötchen auf einen Teller oder ein Gitterrost setzen. Vor dem Servieren 5 Minuten abkühlen lassen.

Tipp: Ich empfehle, diese Brötchen sofort nach dem Backen zu essen, aber man kann sie auch in ein Geschirrtuch gewickelt bis zu 2 Tage bei Zimmertemperatur aufheben.

Haferflockenbrötchen

BUŁECZKI NA OWSIANCE

Gewöhnlich starte ich in den Tag mit warmem Porridge, perfekt an einem frostig kalten Morgen. Manchmal koche ich ein bisschen mehr, damit ich ein paar Esslöffel übrig habe, um diese Brötchen zu backen. Der Haferbrei sorgt für eine weiche Konsistenz und dafür, dass sie einige Tage frisch bleiben. Du kannst dafür mit Wasser oder mit Milch gekochten Porridge verwenden, Letzterer verleiht den Brötchen einen noch feineren Geschmack.

···· **ERGIBT:** 12 Stück / **ZUBEREITUNG:** 20 Minuten / **GEHZEIT:** 1½ Stunden / **BACKZEIT:** 15 Minuten ····

100 g Instant-Haferflocken

3 EL Butter (45 g)

520 g Weizenmehl plus mehr zum Formen

1 Päckchen Trockenhefe (7 g)

1 TL Salz

30 g Haferflocken plus mehr zum Bestreuen

1 EL Honig

Pflanzenöl

1 großes Ei

1. 180 ml Wasser zum Kochen bringen, die Haferflocken hineingeben. Unter ständigem Rühren ca. 1 Minute kochen, bis ein dicker Brei entstanden ist. Vom Herd nehmen. Die Butter unterrühren, bis sie geschmolzen ist.

2. Mehl mit Hefe und Salz in eine Rührschüssel geben. Den Haferbrei, Haferflocken, Honig und 240 ml Wasser hinzufügen. Mit den Knethaken auf mittlerer bis hoher Stufe 8–10 Minuten kneten, bis ein weicher Teig entstanden ist.

3. Eine große Schüssel mit Öl einfetten, dann den Teig in die Schüssel legen. Mit Frischhaltefolie abdecken und etwa 1 Stunde an einem warmen Ort gehen lassen, bis der Teig deutlich aufgegangen ist.

4. Den Backofen auf 190 °C vorheizen. Ein großes Backblech mit Backpapier belegen.

5. Den Teig auf die bemehlte Arbeitsfläche geben und in 12 gleiche Portionen teilen. Jede Portion zu einem runden Brötchen formen: den Teig platt drücken und die Ränder nach innen einfalten und gut andrücken. Die Brötchen mit der Nahtstelle nach unten auf das Backblech setzen, mit einem Geschirrtuch abdecken und 30–40 Minuten gehen lassen, bis sich ihr Volumen fast verdoppelt hat.

6. Das Ei mit 1 EL Wasser verquirlen und die Brötchen damit bestreichen. Mit Haferflocken bestreuen. Die Brötchen 15–18 Minuten goldbraun backen. Vor dem Servieren auf einem Gitterrost abkühlen lassen.

Tipp: Statt Weizenmehl 550 g helles Dinkelmehl verwenden.

Sauerteig-Roggenbrot

CHLEB ŻYTNI NA ZAKWASIE

Sauerteig-Roggenbrot zählt in Polen zu den beliebtesten Broten. Gelegentlich wird auch Hefe oder Weizenmehl zugesetzt, was für einen milderen Geschmack sorgt. In meiner Heimatstadt Rzeszów gibt es eine alteingesessene Bäckerei namens Nawłoka, in der sie das Brot genau so backen, wie ich es am liebsten mag: ausschließlich aus Roggenmehl und *zakwas* (Roggensauerteig). Es besitzt einen extrem nussigen und kräftig säuerlichen Geschmack. Mein Sauerteigbrotrezept ist diesem Brot nachempfunden – und so einfach zu backen. Am besten die erste Scheibe Brot einfach nur mit Butter genießen, so schmeckst du mit dem ersten Bissen all die Aromen.

ERGIBT: 1 Laib / **ZUBEREITUNG:** 5 Minuten / **REIFEZEIT:** 8–10 Stunden
GEHZEIT: bis zu 6 Stunden / **BACKZEIT:** 50 Minuten

FÜR DEN SAUERTEIG

110 g Sauerteig-Starterkultur (S. 73)

30 g Vollkornroggenmehl

90 g Roggenmehl

180 ml Mineralwasser

FÜR DEN BROTTEIG

Butter zum Einfetten

220 g Roggenmehl plus mehr für die Form und zum Bestäuben

1 EL Salz

2 EL Honig

1. Für den Sauerteig den Starter mit den Mehlen und dem Mineralwasser in einer mittelgroßen Schüssel mischen. Mit einem Geschirrtuch abdecken und über Nacht 8–10 Stunden bei Zimmertemperatur fermentieren lassen, bis sich reichlich Bläschen bilden und der Teig nach Apfelessig zu riechen beginnt.

2. Eine 22 × 12 cm große Kastenform mit wenig Butter einfetten und leicht bemehlen.

3. Für den Brotteig das Roggenmehl, das Salz, 180 ml warmes Wasser und den Honig zum Sauerteig geben und unterrühren. Den Teig in die Kastenform füllen, die Oberfläche mit Mehl bestäuben und mit einem Geschirrtuch abdecken. Bei Zimmertemperatur ruhen lassen, bis der Teig den oberen Rand der Kastenform erreicht, was je nach Alter der Starterkultur und der Temperatur in der Küche 3–6 Stunden dauert.

4. Den Backofen auf 200 °C vorheizen. Das Brot etwa 50 Minuten backen, bis die Kruste dunkelbraun gefärbt und sehr gut durchgebacken ist. Aus der Backform nehmen und auf einem Gitterrost vollständig abkühlen lassen.

Tipp: Wenn dir ein weniger säuerlicher Geschmack lieber ist oder du wenig Vertrauen in deinen Sauerteigstarter hast, gib bei Schritt 3 zusammen mit dem Mehl 1 Päckchen (7 g) Trockenhefe zum Teig. Die Gehzeit beträgt dann 1–2 Stunden.

Sauerteig-Starterkultur

ZAKWAS

Falls du nicht das Glück haben solltest, von einem anderen Hobbybäcker einen Starter geschenkt zu bekommen, keine Sorge! Setze einfach selbst einen an, das ist kinderleicht – oder wie man in Polen sagt: wie Brot mit Butter (*bułka z masłem*).

ERGIBT: 330 g / **ZUBEREITUNG:** 5 Minuten / **REIFEZEIT:** 6 Tage

245 g Vollkornroggenmehl
150 g Roggenmehl
300 ml Mineralwasser

1. Für den Starter zuerst 70 g Vollkornroggenmehl mit 120 ml Wasser in einen mittelgroßen Glasbehälter geben und verrühren. Locker mit einem Geschirrtuch abdecken und die Mischung 24 Stunden bei warmer Zimmertemperatur stehen lassen. Nach 24 Stunden sieht man eventuell bereits, dass die Mischung ihr Volumen vergrößert hat oder sich erste Bläschen bilden.

2. Etwa die Hälfte des Starters entsorgen, dann den Rest mit 30 g Roggenmehl, 35 g Vollkornroggenmehl und 60 ml Mineralwasser füttern. Gründlich verrühren, erneut mit dem Geschirrtuch abdecken und die Mischung 24 Stunden bei Zimmertemperatur ruhen lassen.

3. Schritt 2 an den darauffolgenden 4 Tagen wiederholen.

4. Wenn die Starterkultur fertig ist, sollte sie so aktiv sein, dass Bläschen an der Oberfläche sichtbar sind.

   Tipps: Falls du im Starter irgendeine Art von Schimmelbildung beobachten solltest, wirf ihn sofort weg und fange noch mal von vorne an.

   Wenn er einsatzbereit ist, den Starter im Kühlschrank aufbewahren und einmal pro Woche die Hälfte zum Backen verwenden oder entsorgen und den Rest wieder mit 30 g Roggenmehl, 35 g Vollkornroggenmehl und 120 ml Mineralwasser füttern. Solange du ihn regelmäßig fütterst, wird dein Starter ewig leben.

Süße Hefebrötchen
mit Blaubeerfüllung und Streuseln

JAGODZIANKI

Während der Sommermonate sind alle ganz verrückt nach diesen Brötchen. Man kann sie überall kaufen und jede Bäckerei behauptet, ihre seien die allerbesten. Aber ganz im Ernst: Selbst gebacken schmecken *jagodzianki* natürlich noch besser. Und hier sind sie auch schon, diese buttrigen Hefebrötchen mit reichlich Blaubeeren und einem Hauch Zucker: so einfach zu backen und einfach unfassbar köstlich! Für die Füllung kannst du jede Sorte Beeren nehmen, die du magst.

ERGIBT: 9 Stück / **ZUBEREITUNG:** 30 Minuten / **RUHEZEIT:** 8–12 Stunden
GEHZEIT: 2 Stunden / **KÜHLZEIT:** 30 Minuten / **BACKZEIT:** 20 Minuten

FÜR DEN TEIG

280 g Weizenmehl plus mehr zum Formen

50 g Zucker

1½ TL Trockenhefe (5 g)

1 kräftige Prise grobkörniges Salz

1 großes Ei, leicht verquirlt

60 ml Milch

85 g Butter, geschmolzen

1 EL Sauerrahm

Pflanzenöl

FÜR DIE FÜLLUNG

ca. 450 g Blaubeeren

50 g Zucker

3 EL Speisestärke

FÜR DIE STREUSEL

100 g Weizenmehl

1 kräftige Prise Salz

50 g Zucker

60 g kalte Butter, klein gewürfelt

ZUM BESTREICHEN

1 großes Ei

1 EL Milch

1. **Für den Teig** das Mehl mit Zucker, Hefe und Salz in eine Rührschüssel geben. Ei, Milch, geschmolzene Butter und Sauerrahm hinzufügen. Mit den Knethaken auf mittlerer bis hoher Stufe etwa 8 Minuten verkneten, bis ein seidig weicher Teig entstanden ist.

2. Eine große Schüssel mit Öl einfetten und den Teig hineinlegen. Mit Frischhaltefolie abdecken und 8–12 Stunden im Kühlschrank ruhen lassen. Währenddessen wird der Teig nicht viel aufgehen.

3. **Für die Füllung** die Blaubeeren mit Zucker und Speisestärke in einer mittelgroßen Schüssel vermischen.

4. Die Arbeitsfläche leicht bemehlen. Den Teig daraufgeben, mit etwas Mehl bestäuben und zweimal über die gesamte Teigfläche zusammenfalten. Den Teig in 9 Portionen teilen und jede Portion zu einem etwa 13 cm großen Kreis ausrollen. Von der Blaubeerfüllung 2–3 EL in die Kreismitte setzen, den Teig so um die Füllung herum formen, dass die Teigränder oben zusammenstoßen. Diese zusammendrücken, sodass die Füllung innen eingeschlossen ist.

5. Die Brötchen mit der Nahtstelle nach unten auf ein mittelgroßes, mit Backpapier ausgelegtes Backblech setzen, dabei ausreichend Abstand lassen, damit sie aufgehen können. Mit einem Geschirrtuch abdecken und an einem warmen Ort etwa 2 Stunden gehen lassen, bis sie deutlich an Volumen gewonnen haben.

6. **Für die Streusel** in einer mittelgroßen Schüssel Mehl, Salz und Zucker mischen. Die Butter hinzufügen und mit den Fingerspitzen verreiben, bis die Mischung etwa die Konsistenz von Semmelbröseln besitzt. Mindestens 30 Minuten im Kühlschrank kühlen.
7. Den Backofen auf 190 °C vorheizen.
8. **Für die Eistreiche** in einer kleinen Schüssel Ei und Milch verquirlen. Die Brötchen behutsam damit bestreichen, dann mit den Streuseln bestreuen und 20–25 Minuten goldbraun backen. Auf einem Gitterrost abkühlen lassen.

Tipp: Polnische *jagodzianki* werden traditionell mit *jagody* gefüllt, einer kleinbeerigen wilden Blaubeere, die in Polen heimisch ist. Nimm wilde Blaubeeren, wenn du sie auftreiben kannst.

Kefirbutter

MASŁO Z KULTURAMI BAKTERII

Butter ist generell eine feine Sache, es gibt jedoch auch Butter, die geradezu fantastisch ist. Setzt man Sahne Kefir zu, wird daraus eine säuerliche, milchige Crème fraîche, die nur einen Schritt davon entfernt ist, zu purer Butter (und Buttermilch) zu werden. Jede Sahne mit hohem Fettgehalt verwandelt sich in Butter, wenn sie zu lange steif geschlagen wird – aber diese hier hat eine ganz neue Aromaintensität zu bieten.

ERGIBT: 250 g / ZUBEREITUNG: 20 Minuten / FERMENTIEREN: 8–12 Stunden / KÜHLZEIT: 1 Stunde

480 g Sahne (Fettgehalt 30 % und höher)

80 ml Kefir

1 kräftige Prise feines Meersalz

1. Die Sahne mit dem Kefir in eine mittelgroße Schüssel gießen. Kurz mit dem Schneebesen vermischen, dann die Schüssel mit einem sauberen Geschirrtuch abdecken und 8–12 Stunden an einem etwas wärmeren Ort fermentieren lassen, bis die Mischung leicht säuerlich und aromatisch riecht.

2. Die Sahnemischung ca. 1 Stunde in den Kühlschrank stellen. Danach in eine Rührschüssel gießen. Frischhaltefolie oder ein Geschirrtuch als Spritzschutz über die Schüssel legen. Etwa 10 Minuten mit dem elektrischen Rührbesen aufschlagen, bis die Mischung körnig wird, dann 1 Minute ruhen lassen. Danach erneut aufschlagen, bis sich die Mischung in eine feste Masse (Butter) und eine Flüssigkeit (Buttermilch) trennt, was ca. 5 Minuten dauert.

3. Die Buttermilch abgießen (s. Tipp) und die Butter in eine saubere Schüssel legen. Etwa 60 ml kaltes Wasser zugießen und die Butter durch Zusammenpressen und -falten durchspülen. Zwei oder dreimal wiederholen, bis das abfließende Wasser gerade eben klar ist. Das zum Spülen verwendete Wasser weggießen.

4. Die Butter mit dem Salz bestreuen, verkneten und in ein Gefäß mit Deckel legen. Sie ist gekühlt 3 Wochen haltbar.

Tipp: Buttermilch ist im Kühlschrank 2 Tage haltbar. Sie kann für Arme Ritter mit Buttermilch und Honig (S. 49), Buttermilchbrötchen (S. 66), Buttermilchsuppe mit neuen Kartoffeln (S. 91) oder Buttermilch-Hefekuchen mit Beeren und Streuseln (S. 195) verwendet werden.

Suppen
Zupy

Suppen spielen in Polen eine große Rolle. Traditionell gibt es gegen 16 Uhr ein Abendessen, das aus einem Hauptgericht und einer Suppe besteht, die zuerst serviert wird. Suppe gilt als Vorspeise und die Auswahl ist groß. Die polnische Küche kann sich einer beeindruckenden Bandbreite an Suppen für jede Jahreszeit und jeden Anlass rühmen. An heißen Tagen kühlen wir uns gerne mit einer knallpinkfarbenen kalten Rote-Bete-Suppe (S. 87) ab, und wenn wir etwas zum Sattwerden brauchen, kochen wir *żurek* (S. 99), eine Sauerteigsuppe, die klassisch mit Kartoffeln, Ei und Wurst zubereitet wird – oder wie bei meiner Variante mit getrockneten Steinpilzen.

Beim Suppekochen kann man auch am besten seiner Fantasie freien Lauf lassen. Suche dir einfach die schönsten saisonalen Zutaten aus, koche eine gute Gemüsebrühe (S. 83) und tobe dich aus! Püriere die Suppe oder lass es bleiben, nimm einen Schuss Sahne dazu oder genieße sie pur – so viele Möglichkeiten! So kamen mir auch die Ideen für einige Suppen, die es bei mir immer wieder gibt. Bei der sahnigen Sauerkrautsuppe (S. 96) handelt es sich um meine Variante der traditionellen rustikalen Kohlsuppe *kapuśniak*, die auf meine Weise zubereitet deutlich an Charme und Finesse gewinnt. Meine Buttermilchsuppe mit neuen Kartoffeln (S. 91), eine Ode an den polnischen Sommer, wurde bei meinen Freunden zu einem großen Hit, nachdem ich sie anlässlich einer Dinnerparty serviert hatte. Sie sagten, das Rezept sei »verzaubert«.

In meiner Kindheit wartete zu Hause immer eine Suppe auf mich. Meine Mutter kochte sie vor, damit ich nach der Schule nicht hungrig aufs Abendessen warten musste. Am liebsten mochte ich ihre Dillgurkensuppe mit Butterkartoffeln (S. 95). Sie ist mein Favorit, wenn ich schnell etwas Herzhaftes brauche, das mich so richtig von innen wärmt.

Gemüsebrühe

WARZYWNY BULION

Es handelt sich zwar »nur« um ein Grundrezept, tatsächlich ist es jedoch das wichtigste Suppenrezept in diesem Buch. Brühe ist die Basis fast jeder Suppe – aber sie kann für so viel mehr eingesetzt werden. Sie kann pur gegessen werden oder mit Pasta, und diese Brühe – sehr aromatisch, aber nicht zu dominant – garantiert das Gelingen aller nachfolgenden Rezepte in diesem Kapitel.

ERGIBT: 1,5 l / KOCHZEIT: 1½ Stunden

3 EL Butter (45 g)

3 Lorbeerblätter

3 Gewürznelken

1 TL schwarze Pfefferkörner

½ TL Pimentkörner

1 mittelgroße Zwiebel, ungeschält, halbiert (durch den Wurzelansatz geschnitten)

2 ganze Knoblauchzehen, geschält

2 mittelgroße Karotten, halbiert

3 mittelgroße Petersilienwurzeln oder Pastinaken, halbiert

1 Stange Staudensellerie, halbiert

1½ TL feines Meersalz

1. In einem großen Topf die Butter bei mittlerer Temperatur schmelzen. Unter häufigem Rühren weiter erhitzen, bis sie sich kräftig bernsteinfarben färbt, was etwa 5 Minuten dauert. Die Lorbeerblätter, die Gewürznelken, die Pfefferkörner und die Pimentkörner hinzufügen. Dann 1–2 Minuten rösten, bis die Gewürze aromatisch duften, dabei ab und zu rühren.

2. Die Zwiebel mit dem Anschnitt nach unten in die Gewürzbutter legen. Den Knoblauch, die Karotten, die Petersilienwurzeln, die Selleriestange und das Salz zugeben und unter gelegentlichem Rühren 3–4 Minuten anbraten, bis das Gemüse zu bräunen beginnt.

3. Nun ca. 3 l kaltes Wasser angießen. Zum Kochen bringen, dann die Temperatur senken und ohne Deckel 1–1½ Stunden simmern lassen, bis die Brühe um die Hälfte eingekocht ist, währenddessen ab und zu umrühren.

4. Die Brühe leicht abkühlen lassen, dann durch ein feinmaschiges Sieb in eine große Schüssel abgießen. Mit Pasta essen oder als Basis für die Lieblingssuppe verwenden.

   Tipp: Diese Brühe lässt sich bis zu 5 Tage im Voraus zubereiten, dazu abgedeckt kalt stellen. Oder 3 Monate im Tiefkühler einfrieren.

Klarer Borschtsch
mit fermentierter Roter Bete

BARSZCZ CZYSTY CZERWONY

Borschtsch hat viele Gesichter. Ukrainischer Borschtsch ist eine deftige Angelegenheit mit reichlich Gemüse, Kartoffeln, Bohnen und Fleisch, und die kalte Rote-Bete-Suppe mit Buttermilch und Sauerrahm (S. 87) ist gerade im Sommer herrlich erfrischend. Aber es kann nur eine Königin geben: diese rubinrote Bete-Bouillon aus Gemüsebrühe, fermentiertem Rote-Bete-Saft und Pilzconsommé. Sie ist gleichzeitig süß, säuerlich und umami. Im Gegensatz zu anderen Arten von Borschtsch wird sie nicht mit Sauerrahm aufgehellt, damit nichts von ihrer klaren Perfektion ablenkt. An Heiligabend wird *barszcz* zusammen mit kleinen Teigtaschen mit Steinpilzfüllung (S. 178) in einer Schüssel serviert, oft trinkt man ihn aber auch aus einer Tasse und isst herzhaftes Gebäck dazu.

ERGIBT: 4 Portionen / ZUBEREITUNG: 20 Minuten / FERMENTIERZEIT: 6 Tage / KOCHZEIT: 1½ Stunden

FÜR DIE ROTE BETE

900 g Rote Beten, geschält und in Scheiben geschnitten

4 Knoblauchzehen

1 Lorbeerblatt

2 schwarze Pfefferkörner

1 EL Salz

720 ml Mineralwasser

FÜR DIE SUPPE

1,5 l Gemüsebrühe (S. 83) oder Wasser

900 g Rote Beten, geschält und halbiert

2 Gewürznelken

1 Sternanis

3 Pimentkörner

½ TL schwarze Pfefferkörner

3 Lorbeerblätter

30 g getrocknete Steinpilze

5 geräucherte Pflaumen (s. S. 15)

1 EL Sojasauce

500 ml Saft von den fermentierten roten Beten (s. oben)

Rotweinessig

Salz und frisch gemahlener schwarzer Pfeffer

1. Für die fermentierten Roten Beten die vorbereiteten Knollen in ein großes, sauberes Gefäß mit Deckel legen. Knoblauchzehen, Lorbeerblatt, Pfefferkörner und Salz hinzufügen. So viel Mineralwasser zugießen, dass die Roten Beten vollständig bedeckt sind.

2. Den Deckel schließen und das Gefäß bei Zimmertemperatur etwa 6 Tage stehen lassen, bis sich an der Oberfläche Schaum bildet. Den Schaum entsorgen. Das Gefäß in den Kühlschrank stellen, so sind die Roten Beten einige Wochen haltbar.

3. Für die Suppe die Gemüsebrühe mit Roten Beten, Gewürznelken, Sternanis, Piment, Pfefferkörnern und Lorbeerblättern in einem großen Topf zum Kochen bringen, dann 1–1½ Stunden garen, bis die Roten Beten weich sind. Die Flüssigkeit abseihen, Gewürze wegwerfen und Rote Beten anderweitig verwenden (z. B. für den Rote-Bete-Apfel-Salat mit *bundz*, S. 137).

4. Inzwischen in einem mittelgroßen Topf die Pilze und Pflaumen mit so viel Wasser übergießen, dass sie bedeckt sind (500–700 ml). Bei niedriger Temperatur etwa 30 Minuten weich garen. Die Pilze und Pflaumen anderweitig verwenden (z. B. für Teigtaschen mit Steinpilzfüllung, S. 178).

5. Pilzflüssigkeit, Sojasauce und Saft der fermentierten roten Beten zur Suppe geben und alles behutsam erwärmen, dabei darauf achten, dass die Suppe nicht kocht. Mit Salz, Pfeffer und Essig abschmecken.

   Tipps: Reste der fermentierten roten Beten eignen sich hervorragend für Salate, z. B. mit Rucola, Ziegenkäse und Honigdressing. Auf Brot sorgen sie für einen säuerlichen Aromakick.

Kalte Rote-Bete-Suppe
mit Gurke, Radieschen und Dill

CHŁODNIK LITEWSKI

Gekühlte Rote-Bete-Suppe, mit einem Holzlöffel hübsch verwirbelt, ist eine der stillen Freuden bei einem heißen, faulen Mittsommerlunch. Der Trick dabei, dass sie schön herzhaft gelingt: nicht zu sparsam würzen und geduldig sein beim Schnippeln, um genau die richtige stückige Struktur zu erhalten. Knoblauch, Dill, Schnittlauch und jede Menge frisch gemahlener schwarzer Pfeffer bringen reichlich Aroma mit, während Buttermilch und Sauerrahm für eine cremig leichte Konsistenz sorgen. Du könntest die Suppe auch pur servieren, aber gekochte Eier mit weichem Eigelb und ein paar gekochte Kartoffeln machen daraus eine wunderbare vollständige Mahlzeit.

·· **ERGIBT:** 4 Portionen / **ZUBEREITUNG:** 15 Minuten / **KOCHZEIT:** 30 Minuten / **KÜHLZEIT:** 2 Stunden ··

675 g Rote Bete mit Grün (etwa 4 mittelgroße Knollen)

1 TL Zucker

3 kleine Gurken (Finger-, Land- oder Einlegegurken), geschält und grob geraspelt

5 Radieschen, geputzt und in 1 cm große Stücke geschnitten

500 ml Buttermilch oder Kefir

300 g Sauerrahm

3 EL gehackter frischer Dill

3 EL gehackter frischer Schnittlauch

2 Knoblauchzehen, sehr fein gehackt

4 mittelweich gekochte Eier, geschält und halbiert, zum Servieren (optional)

5 oder 6 mittelgroße vorwiegend festkochende Kartoffeln, gekocht und gewürfelt, zum Servieren (optional)

Salz und frisch gemahlener schwarzer Pfeffer

1. Mit einem Messer das Grün und die Stängel von den Rote-Bete-Knollen abschneiden. Grün und Stängel waschen, grob hacken und beiseitestellen. Die Knollen abschrubben und in 5 mm große Stücke schneiden.

2. In einem großen Topf 1 l Wasser mit dem Zucker und ½ TL Salz zum Kochen bringen. Die Roten Beten hineingeben und etwa 20 Minuten bei mittlerer Temperatur garen, bis sie sich mühelos mit einer Gabel einstechen lassen. Nach 15 Minuten das Grün und die Stängel zugeben und leicht zusammenfallen lassen, dann abgießen und dabei 250 ml der Garflüssigkeit auffangen.

3. In einer großen Schüssel die gekochten Rote-Bete-Stücke, das Grün und die Stängel mit der Hälfte der Gurken und Radieschen, mit Buttermilch, Sauerrahm, 2 EL Dill, 2 EL Schnittlauch, Knoblauch und der aufgefangenen Garflüssigkeit behutsam verrühren. Mit Salz und reichlich Pfeffer abschmecken. Mindestens 2 Stunden kalt stellen.

4. Zum Servieren die Suppe auf Schüsseln verteilen. Mit den restlichen Gurken, Radieschen, Dill und Schnittlauch garnieren. Optional die Eier und Kartoffeln daraufgeben.

Tipp: Diese Suppe ist in einem verschlossenen Behälter im Kühlschrank 2 Tage haltbar. Die Garnitur erst kurz vor dem Servieren darauf verteilen.

Tomaten-Apfel-Suppe
mit »gegossenen Nudeln«

POMIDORÓWKA Z LANYMI KLUSKAMI

Das war als Kind meine Lieblingssuppe – und auch die der meisten Polen. Eine altmodische Variante besteht lediglich aus Tomatenmark, Geflügelbrühe, Sauerrahm und Mehl zum Binden. Meine Großmutter kippte immer eine obszöne Menge Sahne hinein. Und sie servierte sie mit *lane kluski*, »gegossenen Nudeln«. Dafür wird Eierteig in kochendes Wasser gegossen. Nach einer Sekunde im Wasser verwandelt sich der Teig in eine weiche, luftige Kreuzung aus Nudel und Klößchen.

ERGIBT: 4 Portionen / **ZUBEREITUNG:** 5 Minuten / **KOCHZEIT:** 15 Minuten

FÜR DIE SUPPE

2 EL Butter (30 g)

2 ganze Knoblauchzehen, geschält

1 EL getrockneter Majoran

1 Dose stückige Tomaten (400 g)

1 mittelgroßer Apfel der Sorte Gala (etwa 200 g), geschält, vom Kerngehäuse befreit und klein geschnitten

500 ml Gemüsebrühe (S. 83)

1 EL Tomatenmark

3 EL Sauerrahm

Salz und frisch gemahlener schwarzer Pfeffer

FÜR DIE GEGOSSENEN NUDELN

2 große Eier

2 EL Sauerrahm

Salz

100–150 g Weizenmehl

1. Für die Suppe in einem mittelgroßen Topf die Butter bei mittlerer Temperatur erhitzen. Knoblauch und Majoran zugeben und unter gelegentlichem Rühren 1 Minute anbraten, bis es aromatisch duftet.
2. Tomaten, Apfel, Brühe und Tomatenmark hinzufügen und zum Kochen bringen. Dann die Temperatur senken und 10–15 Minuten simmern, bis der Apfel weich wird, ab und zu umrühren. Vom Herd nehmen und mit einem Pürierstab oder im Mixer die Mischung glatt pürieren. Zurück in den Topf geben.
3. In einer kleinen Schüssel etwa 60 ml heiße Suppe mit dem Sauerrahm verrühren, dann die Mischung zurück in den Suppentopf geben. Mit Salz und Pfeffer abschmecken.
4. Während die Suppe sanft köchelt, die Nudeln zubereiten: Eier, Sauerrahm und 1 Prise Salz in einer Schüssel verquirlen. Das Mehl mit dem Schneebesen esslöffelweise unterschlagen, bis die Mischung einen klebrigen Teig bildet.
5. In einem mittelgroßen Topf Wasser mit 1 Prise Salz zum Kochen bringen. Einen Teelöffel ins heiße Wasser tauchen, dann mit diesem eine kleine Menge Teig abnehmen und ins Wasser geben. Den restlichen Teig ebenso verarbeiten und die Nudeln etwa 1 Minute sanft köcheln, bis sie an die Oberfläche steigen. Die fertig gegarten Nudeln mithilfe eines Schaumlöffels oder kleinen Siebs abschöpfen.
6. Zum Servieren die Suppe in Suppenteller schöpfen. Die Nudeln darauf verteilen und mit Pfeffer übermahlen.

Tipp: Man kann auch Reis zur Suppe servieren.

Buttermilchsuppe mit neuen Kartoffeln

KREM Z MŁODYCH ZIEMNIAKÓW MAŚLANKI

Neue Kartoffeln mit Butter und Dill, dazu ein Glas kalte Buttermilch, ist in Polen auf dem Land ein beliebtes Comfort Food. Nachdem ich an unzähligen Mittagen diese wohltuende Kombination genießen durfte, schwirrte mir eine Suppenversion davon im Kopf herum. Hier ist sie! Obwohl sie ausgesprochen cremig ist, besitzt sie dank des schwarzen Pfeffers und der Buttermilch auch eine würzige und säuerliche Note. Durch den frischen Dill wird sie noch authentischer, den also bitte nicht weglassen!

ERGIBT: 4 Portionen / **ZUBEREITUNG:** 15 Minuten / **KOCHZEIT:** 15 Minuten

2 EL Butter (30 g)

1 mittelgroße Zwiebel, klein gehackt

1 Knoblauchzehe, in Scheiben geschnitten

675 g neue Kartoffeln, geschält und klein geschnitten

800 ml Gemüsebrühe (S. 83)

250 ml Buttermilch

frischer Dill, gehackt, zum Servieren

Salz und frisch gemahlener schwarzer Pfeffer

1. In einem großen Topf die Butter bei mittlerer Temperatur erhitzen. Die Zwiebel und den Knoblauch mit 1 Prise Salz hineingeben. Unter gelegentlichem Rühren 3–4 Minuten anbraten, bis die Zwiebel glasig geworden ist.
2. Die Kartoffeln hinzufügen und etwa 5 Minuten anbraten, bis sie am Topfboden anzusetzen beginnen und eine goldgelbe Färbung annehmen, währenddessen ab und zu umrühren.
3. Die Gemüsebrühe angießen und 15–20 Minuten garen, bis die Kartoffeln weich sind.
4. Vom Herd nehmen und leicht abkühlen lassen. Die Buttermilch zugießen und mit dem Pürierstab glatt pürieren. Oder in einen Mixer umfüllen (falls nötig, in mehreren Portionen) und glatt pürieren. Mit weiterem Salz und Pfeffer abschmecken. In Suppenteller schöpfen, mit mindestens 1 EL gehacktem Dill garnieren und servieren.

Graupensuppe mit Röstgemüse

KRUPNIK Z PIECZONYCH WARZYW I PĘCZAKU

In vielen polnischen Küchen wird *krupnik* als deftige Suppe aus Fleischbrühe und Körnern gekocht, während meine Version mit reichlich Röstgemüse zubereitet wird, das der Suppe genauso viel Aroma verleiht. Ich liebe die kernigen Perlgraupen in dieser Suppe, aber Buchweizen, Gerstengrütze oder Hirse können ebenfalls verwendet werden.

ERGIBT: 6 Portionen / **ZUBEREITUNG:** 10 Minuten / **KOCHZEIT:** 1 Stunde

3 mittelgroße Karotten (insgesamt ca. 350 g), geschält und in 1,5 cm dicke Stücke geschnitten

3 mittelgroße Petersilienwurzeln (s. Tipp) oder Pastinaken (insgesamt ca. 350 g), geschält und in 1,5 cm dicke Stücke geschnitten

3 Stangen Staudensellerie, in 1,5 cm dicke Stücke geschnitten

1 Zwiebel, ungeschält, halbiert (durch den Wurzelansatz geschnitten)

3 Knoblauchzehen, ungeschält

1 Zweig frischer Rosmarin

3 Lorbeerblätter

1 knapper TL schwarze Pfefferkörner

¼–½ TL Pimentkörner

3 EL Rapsöl oder Sonnenblumenöl

100 g Perlgraupen

80 g Sahne

Salz und frisch gemahlener schwarzer Pfeffer

1. Den Backofen auf 230 °C vorheizen. Karotten, Petersilienwurzeln, Sellerie, Zwiebel, Knoblauch, Rosmarin, Lorbeerblätter, Pfefferkörner und Pimentkörner auf ein Backblech mit höherem Rand geben, mit dem Öl und etwas Salz vermischen. Unter gelegentlichem Wenden etwa 35 Minuten rösten, bis das Gemüse gar und gebräunt ist.

2. Während das Gemüse im Ofen röstet, die Perlgraupen kochen. Dazu 360 ml Wasser zum Kochen bringen, salzen und die Perlgraupen hineingeben. Den Deckel auflegen und etwa 30 Minuten bei niedriger Temperatur garen, bis sie die gesamte Flüssigkeit aufgenommen haben.

3. Das Röstgemüse, die Gewürze und die Perlgraupen in einen großen Topf füllen, 2 l Wasser zugießen und zum Kochen bringen. Etwa 20 Minuten simmern, bis die Suppe einen tiefbraunen Farbton angenommen hat. Die Zwiebel, den Knoblauch und die Lorbeerblätter entfernen. Die Sahne unterrühren. Mit Salz und gemahlenem Pfeffer abschmecken.

Tipps: Um der Suppe einen komplexeren Geschmack zu verleihen, belasse ich die Gewürze in der Suppe. Es wäre aber eine gute Idee, deine Gäste vor dem Essen über die kleinen Überraschungen in der Suppe zu informieren.

Petersilienwurzeln sind ein fester Bestandteil der polnischen Küche. Sie werden hauptsächlich verwendet, um perfekte Brühen und Suppen zuzubereiten. Ich liebe sie in geröstetem Zustand, in dem sie ein süßeres Aroma entwickeln. Dann gehen die Einsatzmöglichkeiten gegen unendlich: als Vorspeise, für Salat oder als Geschmacksverstärker in Suppen. Falls du keine Petersilienwurzeln bekommst, nimm Pastinaken.

Dillgurkensuppe mit Butterkartoffeln

OGÓRKOWA

Diese säuerliche Suppe auf Dillgurkenbasis war eins meiner Lieblingsgerichte, die meine Mutter mir kochte, als ich noch ein Kind war. Für polnische Kids ist es ganz normal, saure Gerichte zu mögen – wir werden schon mit dieser Vorliebe geboren. Wenn du einen milderen Geschmack bevorzugst, gib Sahne dazu. Ich ergänze die Suppe besonders gern um mit Butter gekochte Kartoffeln. Sie besitzen einen so feinen, cremigen Geschmack und zergehen auf der Zunge.

ERGIBT: 4 Portionen / **ZUBEREITUNG:** 5 Minuten / **KOCHZEIT:** 20 Minuten

3–4 mehligkochende Kartoffeln (insgesamt etwa 300 g), geschält und gewürfelt

60 g Butter

2 Knoblauchzehen, in dünne Scheiben geschnitten

3 Lorbeerblätter

230 g eingelegte Knoblauch-Dill-Gurken, bevorzugt die halb-saure Sorte, oder Dillgurken in Salzlake (S. 237)

1 l Gemüsebrühe (S. 83)

3 EL gehackter frischer Dill plus mehr zum Servieren

80 g Sahne (optional)

Salz und frisch gemahlener schwarzer Pfeffer

1. Die Kartoffeln mit 30 g Butter in Salzwasser garen. Etwa 20 Minuten kochen, bis sie gar sind. Abseihen, dabei 250 ml Garflüssigkeit auffangen.
2. Die restlichen 30 g Butter in einem großen Topf bei mittlerer bis hoher Temperatur schmelzen. Den Knoblauch und die Lorbeerblätter hineingeben und etwa 30 Sekunden darin erhitzen, bis es aromatisch duftet. Die eingelegten Gurken hinzufügen. Den Deckel auflegen und etwa 15 Minuten köcheln, bis die Gurken etwas weicher geworden sind.
3. Die Brühe, die gekochten Kartoffeln, die aufgefangene Garflüssigkeit von den Kartoffeln und den Dill zugeben. Zum Simmern bringen, sodass alle Zutaten vollständig erwärmt werden. Mit Pfeffer würzen (die Suppe sollte bereits sehr salzig sein). Wenn ein milderer Geschmack gewünscht wird, nun die Sahne zugießen.
4. Zum Servieren die Suppe in Suppenteller schöpfen und mit noch etwas Dill bestreuen.

Tipps: Für diese Suppe braucht man echte auf polnische Art eingelegte Gurken. Du kannst sie selbst machen (S. 237) oder in osteuropäischen Feinkostgeschäften kaufen.

Ogórkowa schmeckt ganz ausgezeichnet mit Zwiebel-Mohn-Brötchen (S. 57).

Sahnige Sauerkrautsuppe

KREM Z KISZONEJ KAPUSTY

Meine Liebe zu dieser Suppe kann ich kaum in Worte fassen. Sie ist perfekt. Einzigartig. Voll komplexer Aromen, doch es ist nichts Kompliziertes an ihr. Keine Angst vor der Sahne, die mit den ansonsten leichten Zutaten in einen Topf kommt – sie dämpft die fermentierten, säuerlichen, lebhaften Aromen etwas und verbindet sich mit ihnen zu einem zarteren Geschmackserlebnis.

ERGIBT: 4 Portionen / **ZUBEREITUNG:** 10 Minuten / **KOCHZEIT:** 2½ Stunden

450 g Sauerkraut (S. 238)

2 EL Butter (30 g)

2 Schalotten, klein gehackt

1 TL gemahlener Kümmel

2 mittelgroße vorwiegend festkochende Kartoffeln (insgesamt etwa 250 g), geschält und klein geschnitten

1 l Gemüsebrühe (S. 83)

250 g Sahne

Salz und frisch gemahlener schwarzer Pfeffer

Mandelblättchen (optional)

1. Die Flüssigkeit aus dem Sauerkraut herausdrücken und für später aufbewahren. Das Sauerkraut fein hacken.

2. Die Butter in einem mittelgroßen Topf erhitzen. Die Schalotten zugeben und etwa 3 Minuten unter häufigem Rühren anbraten, bis sie weicher geworden sind. Den Kümmel und die Kartoffeln hinzufügen und 1–2 Minuten anbraten, bis es aromatisch duftet.

3. Das gehackte Sauerkraut, die Gemüsebrühe und die Sahne zugeben. Etwa 2 Stunden bei niedriger Temperatur köcheln, bis die Kartoffeln und das Sauerkraut zu zerfallen beginnen.

4. Die Suppe in einen Standmixer füllen (falls nötig, in mehreren Portionen) oder mit einem Pürierstab im Suppentopf 1–2 Minuten glatt pürieren. Mit Salz, Pfeffer und bis zu 60 ml des aufbewahrten Sauerkrautsafts abschmecken. Nach Belieben mit den Mandelblättchen garniert servieren.

Mehlsuppe
mit getrockneten Steinpilzen

WEGETARIAŃSKI ŻUREK Z BOROWIKAMI

Żurek ist das ungewöhnlichste polnische Gericht überhaupt. Die Basis dieser Suppe besteht aus einem besonderen Roggensauerteig *(żur)*: einer fermentierten Mischung aus Mehl und Wasser, die die Suppe sauer, salzig und cremig macht. Żurek ist mit nichts anderem vergleichbar. Sie kann zart und mehr wie eine Brühe sein oder deftig und voller Wurst- und Kartoffelstücke. Sie wird auch gern in ausgehöhlten Brotlaiben serviert, die die Aromen der Suppe aufsaugen. Meine Variante enthält reichlich getrocknete Steinpilze, die eine weitere Dimension an umami beisteuern. Ich halte es für eine ausgesprochen gute Idee, ein gekochtes Ei mit noch weichem Eigelb in die Suppe zu setzen – das sollten Sie auch tun!

ERGIBT: 4 Portionen / FERMENTIERZEIT: 5 Tage / ZUBEREITUNG: 80 Minuten / KOCHZEIT: 80 Minuten

FÜR DAS ZUR (S. TIPP)

55 g Vollkornroggenmehl

1 Stück (5 cm) Kruste eines Roggenbrots mit Sauerteig (S. 70)

1 Knoblauchzehe

480 ml Mineralwasser, erwärmt

FÜR DIE SUPPE

40 g getrocknete Pilze, bevorzugt Steinpilze

1 l Gemüsebrühe (S. 83)

360 g żur (s. oben)

1 EL getrockneter Majoran

120 g Sahne

Salz und frisch gemahlener schwarzer Pfeffer

ZUM SERVIEREN

4 Kartoffeln, frisch gekocht und noch heiß

4 weich gekochte Eier, gepellt und halbiert

frische Petersilie, gehackt

1. Für das Zur Mehl, Brotkruste, Knoblauch und Mineralwasser in ein Glasgefäß für 1 l Inhalt füllen. Mit einem Geschirrtuch abdecken. Bei Zimmertemperatur 5 Tage fermentieren lassen, dabei einmal pro Tag umrühren.
2. Für die Suppe die getrockneten Pilze in einen großen Topf geben, 750 ml Wasser zugießen und 1 Stunde darin einweichen. Zum Kochen bringen, dann 50–60 Minuten bei niedriger Temperatur köcheln, bis die Pilze weich sind.
3. Die Brotkruste und den Knoblauch aus dem *żur* herausnehmen und entsorgen.
4. Die Gemüsebrühe, das *żur* und den Majoran zu den Pilzen geben. Zum Kochen bringen und etwa 10 Minuten kochen lassen, bis die Suppe eindickt. Die Sahne unterrühren. Vom Herd nehmen. Mit Salz und Pfeffer würzen.
5. Zum Servieren die Suppe in vier Suppenteller schöpfen. Die Kartoffeln und die Eier darauf anrichten und mit der Petersilie bestreuen.

Tipp: Statt *żur* selbst herzustellen, kannst du auch gekauften verwenden. In Polen ist es in Flaschen abgefüllt in jedem Supermarkt erhältlich. Im Ausland findet man es in Geschäften mit polnischen Lebensmitteln oder online.

Mandelsuppe
mit Eischneewölkchen

MIGDAŁOWA ZUPA »NIC«

Diese Mandelsuppe ist die Festtagsversion der polnischen »Nichts«-Suppe *(zupa nic)*. Der Name stammt aus harten Zeiten, als unsere Großmütter nicht viel zu essen hatten – nur ein paar Eier, etwas Milch und ein wenig Zucker. Das klingt nach einem Dessert, wird aber gewöhnlich zum Frühstück oder zu *podwieczorek*, einer süßen Zwischenmahlzeit zwischen Mittag- und Abendessen, gegessen. Dieses üppige Gericht wird mit auf der Suppe schwebenden fluffigen Wölkchen aus weichem pochierten Baiser serviert und mit einer Prise Zimt bestreut, ein richtiger Seelentröster!

ERGIBT: 4–6 Portionen / **ZUBEREITUNG:** 15 Minuten / **KOCHZEIT:** 10 Minuten

FÜR DIE SUPPE

480 ml Milch

120 g Sahne

½ TL gemahlener Zimt plus mehr zum Servieren

2 EL Honig

30 g gemahlene Mandeln

1 kräftige Prise Salz

30 g Mandelblättchen zum Servieren (optional)

FÜR DIE EISCHNEEWÖLKCHEN

2 Eiweiße

1 Prise Salz

50 g Zucker

1. **Für die Suppe** die Milch mit Sahne, Zimt, Honig, gemahlenen Mandeln und Salz in einen mittelgroßen Topf geben. Zum Kochen bringen, dann 5–10 Minuten bei niedriger Temperatur köcheln, bis die Mischung leicht eindickt. Vom Herd nehmen.

2. In der Zwischenzeit die Eischneewölkchen zubereiten. Dazu die Eiweiße mit dem Salz in eine saubere Rührschüssel geben. Die Eiweiße steif schlagen, dann in zwei Portionen den Zucker einrieseln lassen und weiter aufschlagen, bis sich glänzende Spitzen bilden.

3. In einer breiten Pfanne etwa 800 ml Wasser zum Simmern bringen. Den Eischnee mithilfe von Löffeln zu kleinen Wölkchen formen und ins simmernde Wasser gleiten lassen. Den Deckel auflegen und etwa 5 Minuten ziehen lassen, bis die Wölkchen fest geworden sind. Mit einem Schöpflöffel herausheben.

4. Zum Servieren die Suppe in flache Schalen schöpfen. Die Eischneewölkchen darauf anrichten. Mit einer Prise Zimt und, falls gewünscht, mit Mandelblättchen garnieren.

Tipp: Die Suppe kann lauwarm oder gekühlt serviert werden.

Hauptgerichte

Dania główne

Heute ist die polnische Küche sehr fleischlastig, aber das war nicht immer so. Noch vor gar nicht allzu langer Zeit war Fleisch ein Luxus, den sich nur die Wohlhabendsten leisten konnten. (Es ist verrückt, welchen Einfluss die Geschichte auf die Ernährungsweise der Menschen haben kann.) Aber auch Magnate und Aristokraten aßen nicht die ganze Zeit nur Fleisch – in unserem katholischen Land wurde auch lange und oft gefastet. Allerdings verspeisten sie Fisch und Meeresfrüchte, da diese – auch wenn ich nicht nachvollziehen kann, warum – nicht als Fleisch betrachtet wurden. Vegetarische Gerichte tauchten bereits im 17. Jahrhundert in Kochbüchern auf. Das erste dokumentierte vegetarische Rezept stamt sogar von 1567: *Ćwikła* (Rote-Bete-Salat mit Meerrettich) kommt in »Das getreue Bild des Lebens eines rechtschaffenen Menschen« vom bedeutenden polnischen Dichter Mikołaj Rej vor.

Eine köstliche, gesunde Mahlzeit ohne Fleisch zuzubereiten, ist in Polen nicht schwierig. Es gibt so viele beliebte Bohnen- und Getreidevariationen – Buchweizen, Hirse, Perlgraupen – und frisches saisonales Gemüse. Ich gehe gern auf meine Lieblingsmärkte Hala Banacha oder Mirowska, dem kulinarischen Herzen Warschaus, und wähle dort die Zutaten aus, die mir am besten gefallen. Im Herbst, wenn die Stände überquellen von orangefarbenen Kürbissen und Zucchini, bereite ich aus ihnen Eintopf mit Linsen, Kürbis und Zucchini (S. 111) mit geräuchertem Paprikapulver zu. Wenn der Frühling kommt, kann ich mich beim überraschend leichten Graupenrisotto mit Spargel, Cidre und Ziegenkäse (S. 117) nie zurückhalten. Und besonders im Winter gehört für mich eins meiner polnischen Lieblingsgerichte unbedingt dazu: Bigos mit geräucherten Pflaumen und Linsen (S. 118), zubereitet mit frischem und fermentiertem Kohl und zahlreichen Gewürzen. Bei polnischem Essen dreht sich alles um das Wohlbehagen und die Freude, die es uns gibt.

Sauerkrautpuffer

FUCZKI

Fuczki werden in der Pfanne gebraten, bestehen jedoch aus Sauerkraut. Die wichtigste Zutat ist guter, natürlich fermentierter Weißkohl. Als Erstes muss das Sauerkraut ordentlich abtropfen, dann wird es klein gehackt und mit dem Teig vermischt. Das Ergebnis sind fein säuerliche Küchlein, außen schön knusprig und innen angenehm bissfest, genau wie die, die ich damals immer auf unseren Familienausflügen in die Bieszczady-Berge genießen durfte, wo sie auch herkommen.

ERGIBT: 8–10 Puffer / **BACKZEIT:** 15 Minuten

300 g Sauerkraut (S. 238), gut abgetropft

200 ml Milch

1 großes Ei, leicht verquirlt

1 TL Kümmelsamen

1 TL Bohnenkraut (optional)

130 g Weizenmehl

Salz und frisch gemahlener schwarzer Pfeffer

raffiniertes Rapsöl oder Butterschmalz

1. Das Sauerkraut fein hacken. In einer mittelgroßen Schüssel die Milch mit Ei, Kümmelsamen und, falls verwendet, Bohnenkraut mischen. Das Mehl unterrühren. Mit Salz und Pfeffer würzen. Das Sauerkraut hinzufügen und untermischen.

2. In einer großen Pfanne eine dünne Schicht Öl bei mittlerer Temperatur erhitzen, bis eine kleine Menge hineingetropfter Teig zischt und spritzt. Nun portionsweise 2 EL pro Puffer in die Pfanne geben (es sollten etwa vier Stück auf einmal hineinpassen). Mithilfe einer Gabel zu etwa 8 cm großen runden Küchlein verstreichen. Anbraten, bis die Unterseiten gebräunt sind, was etwa 5 Minuten dauert. Dann wenden und nochmals etwa 5 Minuten backen, bis auch diese Seite gebräunt ist.

3. Die fertigen Puffer auf Küchenpapier abtropfen lassen und mit Salz bestreuen. Aus dem restlichen Teig weitere Sauerkrautpuffer backen, davor nach Bedarf noch etwas Öl in die Pfanne geben. Heiß servieren.

Tipp: Die *fuczki* mit Sauerrahm und Petersilie servieren oder als Beilage zu den Bretonischen Bohnen mit getrockneten Tomaten (S. 108).

Bretonische Bohnen
mit getrockneten Tomaten
FASOLKA PO BRETOŃSKU

Dieser beliebte polnische Klassiker wird gewöhnlich mit Wurst zubereitet, ich habe normalerweise aber keine im Kühlschrank. Deshalb tausche ich die Wurst gegen sonnengetrocknete Tomaten plus geräuchertes Paprikapulver aus – ein Trick, der dazu geführt hat, dass ich diese Version lieber mag als das Original. *Fasolka po bretońsku* ist ein wunderbar schnell gekochtes Essen, Comfort Food pur, besonders nach einem langen, kalten Tag. Wie sich die Küche mit dem Duft der Gewürze füllt und die cremigen Bohnen auf der Zunge zergehen, hat einfach etwas wohltuend Heimeliges an sich.

ERGIBT: 4 Portionen / **ZUBEREITUNG:** 5 Minuten / **KOCHZEIT:** 25 Minuten

2 EL Butter (30 g)

1 mittelgroße weiße Zwiebel, gehackt

3 Lorbeerblätter

2 Pimentkörner

¼ TL schwarze Pfefferkörner

1 TL getrockneter Majoran

1 knapper TL mildes geräuchertes Paprikapulver

½ TL mildes Paprikapulver

2 Dosen Cannellinibohnen (à 425 g), abgetropft

100 g getrocknete Tomaten in Öl, abgetropft und klein geschnitten

1 Dose stückige Tomaten (400 g)

1 EL Tomatenmark

Zucker

Salz und frisch gemahlener schwarzer Pfeffer

1. In einem großen Topf die Butter bei mittlerer Temperatur schmelzen. Die Zwiebel zugeben und salzen. Etwa 3 Minuten unter gelegentlichem Rühren anbraten, bis sie glasig ist. Lorbeerblätter, Pimentkörner, Pfefferkörner, Majoran und die beiden Paprikapulver hinzufügen, 1–2 Minuten mit erhitzen, bis es aromatisch duftet.

2. Bohnen, getrocknete und die stückigen Tomaten, Tomatenmark und 250 ml Wasser zugeben. Etwa 15 Minuten köcheln, bis die Bohnen weich sind und die Aromen sich miteinander verbunden haben. Mit Pfeffer, Salz und Zucker abschmecken.

3. Die Bohnen auf vier Portionsschüsseln verteilen. Mit Roggenbrot mit Sauerteig (S. 70) und Butter genießen.

Linseneintopf
mit Kürbis und Zucchini

SOCZEWICOWE LECZO

In Polen setzt die Herbstkälte gewöhnlich in den ersten Oktobertagen ein, aber es gibt dann immer noch reichlich frisches Obst und Gemüse. Süße Tomaten, sattgrüne Zucchini und die ersten wunderschönen Winterkürbisse, die man an den Marktständen bewundern kann, flehen förmlich darum, Teil dieses Seelentrösters zu werden. Kürbis harmoniert hervorragend mit Linsen und schafft die herzhafte Basis aus aromatischem Gemüse. Besonders mag ich, wie das süße Aroma und die wohltuende cremige Konsistenz des Butternut-Kürbis den temperamentvollen Charakter des geräucherten Paprikapulvers ausbalancieren, das diesen vegetarischen Eintopf in eine andere Dimension hebt.

ERGIBT: 4 Portionen / **ZUBEREITUNG:** 10 Minuten / **KOCHZEIT:** 30 Minuten

3 EL Sonnenblumenöl

1 mittelgroße weiße Zwiebel, gewürfelt

130 g grüne oder rote Linsen

60 ml trockener Cidre (optional)

450 g Butternut-Kürbis, geschält und klein geschnitten

3 mittelgroße Zucchini (etwa 700 g), gewürfelt

350 ml Gemüsebrühe (S. 83)

900 g Tomaten, klein geschnitten, oder 2 Dosen stückige Tomaten (à 400 g)

1 TL mildes geräuchertes Paprikapulver

½ TL Cayennepfeffer

Salz und frisch gemahlener schwarzer Pfeffer

1. In einem großen Topf das Öl bei mittlerer Temperatur erhitzen. Die Zwiebel hineingeben, salzen und 3–4 Minuten anbraten, bis sie glasig ist, dabei ab und zu rühren.
2. Die Linsen hinzufügen und 1 Minute unterrühren. Falls verwendet, den Cidre zugießen und etwa 30 Sekunden warten, bis er verdampft ist. Den Butternut-Kürbis und die Zucchini zugeben und 3 Minuten unter Rühren anbraten. Die Gemüsebrühe und die Tomaten hinzufügen. Mit Paprikapulver, Cayennepfeffer, Salz und Pfeffer würzen.
3. Nun 15–20 Minuten köcheln, bis das Gemüse weich ist. Mit noch etwas Salz und schwarzem Pfeffer abschmecken und heiß servieren. Mit frisch gebackenem Brot und Butter genießen.

Tipp: Dieser Eintopf profitiert davon, wenn er über Nacht durchziehen darf. Er ist 3–4 Tage haltbar – wobei ich mal vermute, dass er so lange nicht halten wird …

Kartoffel-Buchweizen-Rouladen
mit Tomaten-Wodka-Sauce

GOŁĄBKI Z ZIEMNIAKAMI I KASZĄ (HOŁUBICIE)

Die beliebtesten *gołąbki* (Kohlrouladen) sind mit Reis und Hackfleisch gefüllt. Es gibt aber auch Varianten mit Getreidegrütze oder Kartoffeln oder mit beidem – wie in diesem Rezept. Dafür wird Kartoffelpüree mit gegartem Buchweizen, *twaróg* und Rosmarin vermischt, was ihm ein erdig-würziges Aroma verleiht. Die Füllung ist überraschend weich und fluffig und zergeht fast auf der Zunge. Einen ausgeprägteren Geschmack erhält die Tomatensauce, wenn man Bisongras-Wodka verwendet, der eine angenehme Kräuternote mitbringt. Genieße diese feinen Kohlrouladen mit Buchweizen-Popcorn (S. 242), einem wunderbar knusprigen, nussigen Topping.

ERGIBT: 4–6 Portionen / **ZUBEREITUNG:** 50 Minuten / **KOCHZEIT:** 30 Minuten

FÜR DIE KOHLROULADEN

130 g ganze Buchweizenkörner

450 g mittelgroße mehligkochende Kartoffeln, geschält und klein geschnitten

200 g Quark oder twaróg *(S. 50) plus mehr zum Servieren*

2 EL Butter (30 g)

1 große weiße Zwiebel (200 g), gehackt

3 Knoblauchzehen, fein gehackt

1 TL gehackte frische Rosmarinnadeln

1 mittelgroßer Wirsing (ca. 900 g)

Buchweizen-Popcorn (S. 242)

Salz und frisch gemahlener schwarzer Pfeffer

FÜR DIE TOMATEN-WODKA-SAUCE

3 EL Butter (45 g)

2 mittelgroße Zwiebel (150 g), gehackt

3 Knoblauchzehen, fein gehackt

1 TL gehackte frische Rosmarinnadeln

3 EL Tomatenmark

60 ml Bisongras-Wodka

1 Dose stückige Tomaten (400 g)

120 g Sahne

Salz und frisch gemahlener schwarzer Pfeffer

bitte umblättern ...

1. **Für die Kohlrouladen** in einem mittelgroßen Topf 320 ml gesalzenes Wasser zum Kochen bringen. Den Buchweizen hineingeben und zugedeckt 15 Minuten bei niedriger Temperatur garen, bis er die gesamte Flüssigkeit aufgenommen hat. Vom Herd nehmen und abgedeckt ruhen lassen.

2. Die Kartoffeln in großzügig gesalzenem Wasser 15–20 Minuten weich kochen, dann abgießen. Die Kartoffeln zu Püree zerstampfen, den Quark oder *twaróg* zugeben und erneut zerstampfen. Den gekochten Buchweizen unterrühren.

3. In einer mittelgroßen Pfanne die Butter bei mittlerer Temperatur erhitzen. Die Zwiebel hineingeben und etwa 5 Minuten unter gelegentlichem Rühren anbraten, bis sie weich ist. Den Knoblauch und den Rosmarin hinzufügen und etwa 1 Minute mit erhitzen, bis sie aromatisch duften. Die gegarte Zwiebel unter die Kartoffel-Buchweizen-Mischung rühren. Mit Salz und Pfeffer abschmecken.

4. In einem ausreichend großen Topf so viel Wasser zum Kochen bringen, dass der Wirsing davon bedeckt sein wird. Den Wirsing ins kochende Wasser geben und etwa 10 Minuten garen, bis die Blätter weich sind. Den Wirsing aus dem Topf nehmen und abtropfen lassen. Danach 10–12 ganze Blätter vom Kohlkopf abtrennen und die dicken Mittelrippen herausschneiden.

5. Den Backofen auf 180 °C vorheizen. Von der Füllung je 3 gehäufte EL auf jedes Kohlblatt geben. Die unteren Zipfel des eingeschnittenen Blatts nacheinander über die Füllung klappen, dann die rechte und die linke Seite erneut darüberfalten. Nun das Blatt mit der eingehüllten Füllung weg von dir zu einer festen kleinen Roulade aufrollen.

6. Den Boden einer Auflaufform mit den übrigen Wirsingblättern auskleiden. (Ich verwende dafür gern die weniger schönen Blätter.) Die Kohlrouladen eng aneinander in die Form setzen.

7. **Für die Sauce** in einem mittelgroßen Topf die Butter schmelzen. Die Zwiebel hineingeben und 4–5 Minuten anbraten, bis sie weich ist, dabei ab und zu rühren. Knoblauch und Rosmarin hinzufügen und 30 Sekunden mit anbraten. Das Tomatenmark zugeben und 5–6 Minuten unter gelegentlichem Rühren anrösten, bis die Mischung sich intensiv rot färbt und am Topfboden bräunlich anzusetzen beginnt.

8. Mit dem Wodka ablöschen, vermischen und dabei alles abschaben, was am Topfboden angesetzt hat. Die stückigen Tomaten inklusive Saft hinzufügen und zum Kochen bringen. Die Mischung mit dem Pürierstab pürieren, danach die Sahne unterrühren. Mit Salz und Pfeffer abschmecken.

9. Die Wirsingrouladen mit der Tomatensauce übergießen. Im Ofen 15–20 Minuten backen, bis sie weich sind.

10. Zum Servieren die Wirsingrouladen auf Teller verteilen. Mit dem *twaróg* anrichten und mit Buchweizen-Popcorn (S. 242) bestreuen.

Graupenrisotto
mit Spargel, Cidre und Ziegenkäse

KASZOTTO ZE SZPARAGAMI, CYDREM I KOZIM SEREM

Auf polnische Art mit Perlgraupen ist Risotto viel einfacher zuzubereiten als die klassische italienische Version mit Reis. Man muss nicht permanent im Topf rühren wie eine italienische Großmutter und darauf aufpassen, ob noch Brühe nachgegossen werden muss. Hier werden die Graupen einfach in einem Topf gekocht (was sich sogar ein bis zwei Tage im Voraus erledigen lässt) und zu einem schnellen, wohltuenden Gericht verarbeitet. Dieses *kaszotto* wird mit einer großzügigen Menge Grünspargel zubereitet, wunderbar ergänzt durch einen trockenen Apfelcidre, ein ausgezeichneter Ersatz für Weißwein. Ein ordentlicher Klecks schmelzender Ziegenkäse als Garnitur überzieht jedes Graupenkörnchen aufs Köstlichste. Und nicht vergessen: Ein Glas gekühlten Cidre dazu genießen!

ERGIBT: 4 Portionen / **KOCHZEIT:** 30 Minuten

750 ml Gemüsebrühe (S. 83)

200 g Perlgraupen

3 EL Butter (45 g)

1 Gemüsezwiebel (200 g), gehackt

3 Knoblauchzehen, in dünne Scheiben geschnitten

1 Bund grüner Spargel (ca. 500 g), geputzt und in 2,5 cm lange Stücke geschnitten

250 ml trockener Cidre plus mehr nach Bedarf

½ TL abgeriebene Schale von einer Bio-Zitrone

50 g geriebener Parmesan plus mehr zum Servieren

2 EL Ziegenfrischkäse plus mehr zum Servieren

Salz und frisch gemahlener schwarzer Pfeffer

1. In einem großen Topf die Brühe zum Kochen bringen. Die Perlgraupen einrühren und zugedeckt 20–30 Minuten bei niedriger Temperatur kochen, bis die Graupen die Flüssigkeit fast vollständig aufgenommen haben. Vom Herd nehmen und abgedeckt quellen lassen.

2. In einem großen Topf die Butter bei mittlerer Temperatur erhitzen. Die Zwiebel etwa 2 Minuten unter häufigem Rühren anbraten, bis sie fast weich ist. Knoblauch und Spargel hinzufügen und etwa 2 Minuten anbraten, bis sie etwas Farbe angenommen haben. Vom Herd nehmen, die Spargelspitzen herauspicken und beiseitestellen.

3. Die gekochten Perlgraupen unterrühren. Den Cidre zugießen, zum Simmern bringen, dann bei hoher Temperatur 2–3 Minuten unter häufigem Rühren kochen, bis die Graupen die Flüssigkeit aufgenommen haben. Die Zitronenschale, den Parmesan und den Ziegenkäse unterrühren. Mit Salz und Pfeffer abschmecken. Für eine geschmeidigere Konsistenz noch etwas Cidre zugießen.

4. Auf Teller verteilen. Die Spargelspitzen auf dem *kaszotto* anrichten. Mit etwas Parmesan und Ziegenkäse garnieren.

Tipp: Schmeckt auch mit anderem grünem Gemüse wie Erbsen, Zuckerschoten oder grünen Bohnen wunderbar!

Bigos mit geräucherten Pflaumen und Linsen

BIGOS Z WĘDZONOMY ŚLIWKAMI I SOCZEWICĄ

Dies ist eines dieser besonderen Gerichte, die am besten einige Tage im Voraus zubereitet werden, denn Bigos schmeckt mit jedem Aufwärmen besser. Im Winter koche ich gewöhnlich einen großen Pott davon und esse ihn dann über mehrere Tage hinweg, und die letzte Portion ist immer die beste. Lass dich nicht von der langen Zutatenliste abschrecken – die Zubereitung ist im Grunde ganz einfach, solange die verschiedenen Komponenten zur richtigen Zeit zugegeben werden. Ganz wichtig ist hier, ein komplexes herzhaftes Aroma aufzubauen, da diese Version kein Fleisch enthält. Reichlich Gewürze, gutes Sauerkraut, Apfel, trockener Wein und geräucherte Pflaumen (s. S. 15) sind meine kleinen Geheimnisse für ein außergewöhnliches Umami.

ERGIBT: 4–6 Portionen / **ZUBEREITUNG:** 10 Minuten / **KOCHZEIT:** 4 Stunden

2 EL kalt gepresstes Rapsöl

250 g Champignons, halbiert

1 EL plus 1 TL Honig

2 EL Butter (30 g)

1 mittelgroße weiße Zwiebel (150 g), in dünne Scheiben geschnitten

4 Lorbeerblätter

4 Pimentkörner

3 Gewürznelken

½ TL Kümmelsamen

½ TL mildes geräuchertes Paprikapulver

½ TL mildes Paprikapulver

½ TL getrocknetes Bohnenkraut oder Thymian

½ TL getrockneter Majoran

½ TL Koriandersamen

½ TL Senfsamen

450 g Sauerkraut (S. 238), abgetropft und klein gehackt

1,2 l Gemüsebrühe (S. 83) oder Wasser

450 g Weißkohl, Strunk entfernt und klein geschnitten

1 mittelgroßer Apfel, bevorzugt Granny Smith, vom Kerngehäuse befreit und grob geraspelt

75 g geräucherte Pflaumen, klein geschnitten

20 g getrocknete Pilze

1 TL Tomatenmark

50 g grüne Linsen

120 ml trockener Rotwein

frischer Dill, gehackt, zum Servieren

Salz und frisch gemahlener schwarzer Pfeffer

1. In einer großen Pfanne das Öl bei hoher Temperatur erhitzen. Die Champignons hineingeben und etwa 5 Minuten goldbraun anbraten, dann 1 EL Honig und 1 Prise Salz unterrühren und sofort auf einen Teller geben.

2. Die Butter in einem großen Dutch Oven oder einem anderen großen Bräter bei mittlerer Temperatur erhitzen. Die Zwiebel etwa 3 Minuten unter häufigem Rühren anbraten, bis sie weich ist.

3. Lorbeerblätter, Piment, Gewürznelken, Kümmel, beide Paprikapulver, Bohnenkraut, Majoran, Koriandersamen und Senfsamen hinzufügen und 1–2 Minuten mit erhitzen, bis sie aromatisch duften. Dann Sauerkraut, 1½ TL Salz und 720 ml Gemüsebrühe zugeben. Zum Simmern bringen und etwa 40 Minuten kochen, bis das Sauerkraut weicher geworden ist.
4. Weißkohl, Apfel, Pflaumen, getrocknete Pilze, Tomatenmark, Linsen, Rotwein, 1 TL Honig und die restlichen 480 ml Gemüsebrühe hinzufügen und zum Simmern bringen. Den Deckel auflegen, die Temperatur senken und 3 Stunden sanft köcheln lassen, bis alles weich ist, dabei einige Male umrühren. Mit Salz und Pfeffer abschmecken.
5. Zum Servieren den Bigos auf Suppenteller verteilen und mit den gebratenen Pilzen und dem Dill anrichten. Mit frisch gebackenem Brot und Butter servieren.

Tipp: Bigos lässt sich 1 Woche im Voraus zubereiten. Abgedeckt im Kühlschrank aufbewahren.

Gefüllte Tomaten
mit Hirse, Zimt und Mandeln

FASZEROWANE POMIDORY Z KASZĄ JAGLANĄ, CYNAMONEM I MIGDAŁAMI

Ich liebe den polnischen Sommer allein schon für seine süßen Tomaten, die ich gern kurz in der Pfanne geschwenkt oder einfach nur mit Meersalzflocken bestreut esse. Meine Favoriten sind groß, prall und unglaublich saftig – perfekt zum Füllen. Diese leicht süßliche Füllung auf Hirsebasis mit Zimt und getrockneten Aprikosen ist eine Hommage an die polnische Geschichte. Im 17. Jahrhundert war es beim Adel sehr in Mode, herzhafte Gerichte mit süßen Gewürzen zu veredeln. Diesen Trend würde ich gerne wieder zum Leben erwecken – und Zimt schmeckt wunderbar, nicht nur in Apfelkuchen!

ERGIBT: 4 Portionen / **ZUBEREITUNG:** 15 Minuten / **KOCHZEIT:** 40 Minuten

8 große Tomaten einer alten Sorte (insgesamt ca. 1,5 kg)

2 EL Butter (30 g)

1 mittelgroße weiße Zwiebel (150 g), gehackt

3 Knoblauchzehen, fein gehackt

1 TL gemahlener Zimt

½ TL Cayennepfeffer

150 g Hirse

90 g getrocknete Aprikosen oder Feigen, klein geschnitten

60 g Mandelblättchen

360 ml Gemüsebrühe (S. 83)

75 g bryndza *(Brimsen) oder Feta, zerbröselt*

natives Olivenöl extra

Salz und frisch gemahlener schwarzer Pfeffer

1. Den Backofen auf 190 °C vorheizen. Von der Oberseite der Tomaten einen Deckel so abschneiden, dass eine etwa 6 cm große Öffnung entsteht. Die Deckel beiseitelegen. Mithilfe eines Kugelausstechers oder Esslöffels die Tomaten aushöhlen, dabei das Innere und den Saft in eine kleine Schüssel geben. Die Tomaten zum Abtropfen umgedreht auf Küchenpapier legen.

2. In einer großen Pfanne die Butter erhitzen. Die Zwiebel hineingeben und 4–5 Minuten unter gelegentlichem Rühren anbraten, bis sie weich und glasig ist. Knoblauch, Zimt und Cayennepfeffer hinzufügen und etwa 1 Minute mitbraten, bis es aromatisch duftet. Nun die Hirse zusammen mit Aprikosen, Mandeln, Gemüsebrühe und dem ausgehöhlten Inneren der Tomaten unterrühren. Bei niedriger Temperatur etwa 15 Minuten zugedeckt köcheln, bis die gesamte Flüssigkeit aufgenommen wurde.

3. Die ausgehöhlten Tomaten aufrecht in eine Auflaufform stellen, salzen und pfeffern. Die Tomaten mit der Hirsemischung füllen und mit etwas Käse bestreuen. Die beiseitegelegten Tomatendeckel auflegen. Mit Olivenöl beträufeln. Im Ofen 20–25 Minuten backen, bis die Tomaten weich sind. Heiß oder zimmerwarm servieren.

Nussbutter-Dill-Kartoffeln
mit Spiegelei und Salzmandeln

MŁODYM ZIEMNIAKAMI W PALONYM MAŚLE
Z JAJKA SADZONE I SOLONYCH MIGDAŁACH

Es gibt ein einfaches Sommergericht, das ich liebend gerne jeden Tag draußen an der frischen Luft genießen würde: neue Kartoffeln mit Butter und frischem Dill, dazu Spiegeleier und Gurkensalat mit Sauerrahm (S. 141). Manchmal esse ich die Kartoffeln auch nur mit einem Glas kalter Buttermilch oder Kefir. Das Entscheidende ist, die Butter zu bräunen, bis Nussbutter entsteht – sie sorgt für ein nussiges, erdiges Aroma. Die Salzmandeln bringen in Kombination mit den weichen Kartoffeln einen reizvollen Crunch ins Spiel. In Olivenöl gebratene Spiegeleier werden wunderbar goldgelb und knusprig. Ich glaube, ich könnte das ein ganzes Jahr lang jeden Tag essen.

ERGIBT: 2 Portionen / **ZUBEREITUNG:** 10 Minuten / **KOCHZEIT:** 20 Minuten

450 g neue Kartoffeln oder kleine vorwiegend festkochende Kartoffeln

3 EL Butter (45 g)

2 EL gehackter frischer Dill

40 g Salzmandeln, grob gehackt

2 EL natives Olivenöl extra

2 große Eier

Salz und frisch gemahlener schwarzer Pfeffer

1. Die Kartoffeln in einem großen Topf mit kochendem Salzwasser 15–20 Minuten garen, bis sie weich sind. Die Kartoffeln abgießen und zurück in den Topf geben.
2. Während die Kartoffeln kochen, die Nussbutter zubereiten. Dazu die Butter in einem mittelgroßen Topf erhitzen. Bei niedriger Temperatur 6–8 Minuten köcheln lassen, bis sie einen goldbraunen Farbton annimmt und nussig zu duften beginnt. Vom Herd nehmen.
3. Die Nussbutter, den Dill und die Mandeln zu den Kartoffeln in den Topf geben und sorgfältig vermischen.
4. **Für die Spiegeleier** in einer mittelgroßen Pfanne das Olivenöl bei mittlerer bis hoher Temperatur erhitzen. Die Eier in die Pfanne aufschlagen, dabei sollte das Öl gleich von Anfang an kräftig um die Eiweißränder herum brutzeln. Mit Salz und Pfeffer würzen. Die Eier etwa 2 Minuten braten, bis das Eiweiß goldbraune, knusprige Ränder hat und um das noch flüssige Eigelb herum vollständig gestockt ist. Die Eier sofort aus der Pfanne nehmen.
5. Zum Servieren die Eier und die Kartoffeln auf zwei Teller verteilen. Mit dem Gurkensalat mit Sauerrahm und Dill (S. 141) und einem Glas kalter Buttermilch servieren.

Rosmarinkartoffelpuffer
mit Meerrettichsauce

PLACKI ZIEMNIACZANE

Ein üppiges, heiß begehrtes Gericht, für das dich alle lieben werden, weil es so schön knusprig und einfach köstlich ist! Ich futtere es gewöhnlich im Stehen direkt aus der Pfanne. Manchmal lege ich die Puffer aber auch auf einen hübschen Teller und serviere dazu eine supereinfache Meerrettich-Sauerrahm-Sauce, eine feine frische Beigabe zu den in Butter ausgebratenen kleinen Dingern.

ERGIBT: 8 Stück / **ZUBEREITUNG:** 10 Minuten / **BACKZEIT:** 15 Minuten

450 g mehligkochende Kartoffeln, geschält

1 kleine weiße Zwiebel (100 g)

1 großes Ei, leicht verquirlt

1 TL fein gehackte frische Rosmarinnadeln

3 EL Butterschmalz (40 g)

120 g Sauerrahm

1 TL verzehrfertiger Meerrettich, frisch gerieben oder aus dem Glas

Salz und frisch gemahlener schwarzer Pfeffer

1. Die Kartoffeln und die Zwiebel grob reiben. In ein sauberes Geschirrtuch einschlagen und auswringen, damit möglichst viel Flüssigkeit abfließt. Die Kartoffelmischung in eine Schüssel füllen und das Ei, 1 kräftige Prise Salz und den Rosmarin unterrühren. Mit Pfeffer würzen.

2. Den Backofen auf 200 °C vorheizen. Einen Gitterrost auf ein Backblech mit Rand stellen und in den Ofen schieben.

3. In einer großen Pfanne das Butterschmalz bei mittlerer bis hoher Temperatur erhitzen, bis es heiß ist. Dann von der Kartoffelmischung je 2 EL pro Puffer in die Pfanne geben und mit einer Gabel behutsam flach drücken. Je nach Pfannengröße die Kartoffelmischung in mehreren Durchgängen ausbraten. Auf mittlere Temperatur einstellen und etwa 4 Minuten braten, bis die Unterseite gebräunt ist. Die Puffer wenden und nochmals 4 Minuten braten. Auf Küchenpapier abtropfen lassen. Die fertigen Kartoffelpuffer auf dem Gitterrost im Ofen warm halten.

4. Für die Sauce in einer kleinen Schüssel den Sauerrahm mit dem Meerrettich verrühren. Mit Salz und Pfeffer abschmecken. Zum Servieren einen Klecks Meerrettichsauce auf die Kartoffelpuffer geben.

   Tipp: Stärkereiche mehligkochende Kartoffeln, die auf der groben Raspel gerieben werden, sorgen dafür, dass die Puffer knusprig werden (was ich liebe). Hättest du sie jedoch lieber weich und flaumig, nimm vorwiegend festkochende Kartoffeln und gib 1 EL Sauerrahm und 1 TL Weizenmehl zur Kartoffelmischung.

Pfannengerührter Buchweizen mit Grünkohl, Bohnen und Ziegenkäse

SMAŻONA KASZA GRYCZANA Z JARMUŻEM, FASOLĄ I KOZIM SEREM

Als kleines Kind hatte ich immer Hunger, sogar noch nach einer großen Mahlzeit. In solchen akut lebensbedrohlichen Situationen kochte mir meine Großmutter immer Buchweizen, den sie in etwas Butter anbriet und mit *twaróg* in einer winzigen Porzellanschüssel servierte. Heute sind diese Körner nach einem langen, anstrengenden Tag mein Ass im Ärmel, wenn ich nicht mehr genug Energie habe, etwas Komplizierteres zu kochen. Du kannst hier jedes beliebige saisonale Gemüse verwenden, am liebsten mag ich jedoch die Variante mit Lauch, Grünkohl, weißen Bohnen und einem Löffel Ziegenfrischkäse, der auf den Körnern so wunderbar schmilzt.

ERGIBT: 2 Portionen / **ZUBEREITUNG:** 5 Minuten / **KOCHZEIT:** 25 Minuten

100 g ganze Buchweizenkörner

1 Lorbeerblatt

3 EL Butter (45 g)

½ Stange Lauch, nur den weißen und hellgrünen Teil (ca. 25 g), längs halbiert und schräg in dünne Scheiben geschnitten

2 Knoblauchzehen, fein gehackt

½ TL Fenchelsamen

½ TL getrockneter Oregano

½ Dose weiße Bohnen (ca. 200 g), abgetropft

50 g Grünkohlblätter, klein geschnitten

1 TL frisch gepresster Zitronensaft

2 EL Ziegenfrischkäse

Salz und frisch gemahlener schwarzer Pfeffer

1. In einem kleinen Topf 250 ml Wasser zum Kochen bringen, salzen, dann den Buchweizen und das Lorbeerblatt hineingeben. Den Deckel auflegen und etwa 15 Minuten bei niedriger Temperatur köcheln lassen, bis die Körner die Flüssigkeit vollständig aufgenommen haben. Vom Herd nehmen und abgedeckt beiseitestellen.

2. In einer großen oder mittelgroßen Pfanne 2 EL Butter (30 g) erhitzen. Den Lauch zugeben und 4–5 Minuten unter häufigem Rühren anbraten, bis er weich zu werden beginnt. Dann den Knoblauch, die Fenchelsamen, den Oregano und den restlichen Esslöffel Butter (15 g) hinzufügen. Etwa 30 Sekunden erhitzen, bis es aromatisch duftet, dann die Bohnen und den gekochten Buchweizen dazugeben. Unter häufigem Rühren etwa 2 Minuten anbraten, bis alle Zutaten gut miteinander vermischt sind. Den Grünkohl hinzufügen und etwa 3 weitere Minuten unter Schwenken garen, bis er weich geworden ist. Mit Zitronensaft, Salz und Pfeffer abschmecken.

3. Zum Servieren das Gericht auf Teller verteilen. Beide Portionen mit je 1 EL Ziegenfrischkäse garnieren.

Tipp: Probiere auch mal eine Variante mit Blattspinat und *twaróg* (S. 50) anstelle von Grünkohl und Ziegenfrischkäse.

Du kannst auch etwa 180 g bereits gegarten Buchweizen verwenden.

Salate & Beilagen

Sałatki, surówki i inne dodatki

Ich bin der Meinung, dass der Erfolg einer Mahlzeit zum Großteil davon abhängt, wie gut die Beilagen sind. Meine Mutter würde sich gar nicht erst zum Abendessen hinsetzen, wenn es nicht mindestens einen Salat gibt. Gewöhnlich handelt es sich dabei um Gurkensalat mit Sauerrahm und Dill (S. 141), Tomatensalat mit Meerrettich (S. 154) oder Sauerkrautsalat mit Apfel und Karotte (S. 138). All diese Beilagen sind so köstlich, dass ich sie auch gerne solo esse. Einer meiner Favoriten ist das perfekt samtige Kartoffelpüree mit kalt gepresstem Rapsöl (S. 133). Es ist so fein, dass ich es direkt aus dem Topf löffeln könnte. Einige der Salate in diesem Kapitel gehen ebenfalls als komplette Mahlzeit durch und sind so gut, dass du auch jederzeit deine Freunde damit verwöhnen kannst. Ich tue das oft mit dem Rote-Bete-Apfel-Salat mit *bundz* (S. 137) mit seinem süchtig machenden Walnussdressing oder mit dem überraschend leichten Kartoffelsalat mit fermentierten Radieschen und Birne (S. 134) mit seinem feinen französischen Senfdressing.

Kartoffelpüree
mit kalt gepresstem Rapsöl

ZIEMNIACZANE PUREE Z OLEJEM RZEPAKOWYM TŁOCZONYM NA ZIMNO

Sorry, Papa, aber dein Kartoffelpüree war ein Alptraum. Kein bisschen cremig und mit vielen Klümpchen und Kartoffelschalenresten drin. Dieses Abendessen des Grauens aus meiner Kindheit war meine Motivation, diese einfache, aber außergewöhnliche Version davon zu entwickeln. Es handelt sich dabei um ein Püree nach französischem Vorbild, das gewöhnlich mehr Butter und Sahne enthält als Kartoffeln (womit ich absolut keine Probleme habe ...). Meine Variante ist jedoch deutlich leichter. Ich tausche die Tonnen von Butter gegen ein paar Esslöffel kalt gepresstes Rapsöl, das den Kartoffeln einen nussigen Duft und Geschmack verleiht, ohne Kompromisse bei der Cremigkeit eingehen zu müssen.

ERGIBT: 4 Portionen / **ZUBEREITUNG:** 10 Minuten / **KOCHZEIT:** 40 Minuten

900 g mehligkochende Kartoffeln, geschält

60 g Sahne

2 Knoblauchzehen, durchgepresst

60 ml kalt gepresstes Rapsöl plus mehr zum Servieren

Salz und frisch gemahlener schwarzer Pfeffer

1. Die Kartoffeln in einen großen Topf legen, mit kaltem Wasser bedecken und 2 EL Salz hinzufügen. Zum Kochen bringen, dann die Temperatur senken, bis das Wasser nur noch lebhaft simmert, und 30–35 Minuten garen, bis die Kartoffeln sehr weich sind. Abgießen und kurz mit kaltem Wasser abspülen, um überschüssige Stärke zu entfernen. Zurück in den warmen Topf geben und 1 Minute ausdampfen lassen.
2. Während die Kartoffeln kochen, in einem kleinen Topf die Sahne erhitzen.
3. Solange sie noch heiß sind, die Kartoffeln mit dem Knoblauch sehr sorgfältig zerstampfen. Die Sahne und das Öl zugießen. Mit Salz und Pfeffer abschmecken. Zum Servieren mit etwas Rapsöl beträufeln

   Tipp: Dieses Kartoffelpüree lässt sich 2 Tage im Voraus zubereiten und abgedeckt im Kühlschrank aufbewahren. Zum Aufwärmen bei mittlerer Temperatur auf den Herd stellen und etwas Milch oder Gemüsebrühe unterrühren, um die gewünschte lockere Konsistenz zu erhalten. Du kannst es auch in geschmolzener Butter in der Pfanne anbraten, so bekommt es eine knusprige Kruste.

Kartoffelsalat
mit fermentierten Radieschen und Birne

SAŁATKA ZIEMNIACZANA Z KISZONYMI RZODKIEWKAMI I GRUSZKĄ

Kartoffelsalat gilt als typisch deutsches Gericht, das je nach Region reichlich Mayonnaise, Sauerrahm und Zwiebel enthalten kann. In meinen Augen ist das alles zu schwer, um als »Salat« durchzugehen. Ich ersetze die Mayo und den Sauerrahm durch ein süß-säuerliches Dressing mit körnigem Senf und knackigen eingelegten Radieschen. Dazu passt die Süße von Birnen wunderbar. Das klingt vielleicht komisch – aber es schmeckt so gut!

ERGIBT: 6 Portionen / **ZUBEREITUNG:** 10 Minuten / **KOCHZEIT:** 15 Minuten

900 g festkochende Kartoffeln, abgeschrubbt und halbiert

2 EL Honig

2 EL frisch gepresster Zitronensaft

3 EL körniger Senf

60 ml kalt gepresstes Rapsöl

2 mittelgroße Birnen (450 g), vom Kerngehäuse befreit und klein geschnitten

200 g fermentierte Salzradieschen (S. 241), klein geschnitten

15 g Petersilie, grob gehackt, plus mehr zum Servieren

Salz und frisch gemahlener schwarzer Pfeffer

1. Die Kartoffeln in einen großen Topf legen und mit kaltem Wasser bedecken. Großzügig salzen. Zum Kochen bringen, dann die Temperatur senken und etwa 15 Minuten simmern, bis sie gar sind.

2. Während die Kartoffeln kochen, das Dressing herstellen. Dazu den Honig mit dem Zitronensaft in ein kleines Glas mit Schraubverschluss geben und vermischen. Den Senf und das Öl hinzufügen, den Deckel zuschrauben und das Glas etwa 10 Sekunden kräftig schütteln, bis ein homogenes Dressing entstanden ist. Mit Salz und Pfeffer abschmecken.

3. Gekochte Kartoffeln, Birnen, Radieschen und Petersilie mit dem Dressing in eine mittelgroße Schüssel geben und durchheben. Mit Pfeffer würzen. Den Salat auf Teller verteilen und mit Petersilie bestreuen.

Tipp: Dieser Salat schmeckt toll mit den fermentierten Radieschen, du kannst jedoch auch Dillgurken in Salzlake (S. 237) verwenden.

Rote-Bete-Apfel-Salat
mit bundz

SAŁATKA Z PIECZONYCH BURAKÓW, JABŁKA I BUNDZU

Dieser Salat ist ein gutes Beispiel für die Magie, die entstehen kann, wenn jede entscheidende Zutat vollkommen unterschiedlich behandelt wird – in diesem Fall roh und geröstet. Die Roten Beten werden in Aluminiumfolie gewickelt im Backofen geröstet, dadurch intensiviert sich ihr Geschmack und sie werden angenehm weich. Die zarte Rote Bete wird mit saftigen Apfelstückchen vermischt, die durch den Kontakt selbst einen hübschen pinkfarbenen Ton annehmen. Das Walnussdressing harmoniert perfekt mit dieser erdigen Kombination. Ein Glas gekühlter Cidre ist eine wunderbare Begleitung für diesen Salat.

ERGIBT: 4 Portionen / **ZUBEREITUNG:** 15 Minuten / **GARZEIT:** 1½ Stunden

6 mittelgroße Rote Beten (insgesamt ca. 600 g), abgeschrubbt, Blätter und Stängel entfernt

2 EL Sonnenblumenöl

3 große Äpfel der Sorte Granny Smith (insgesamt ca. 600 g)

1 Bund Petersilie (ca. 30 g) plus mehr zum Servieren

40 g Walnusskerne, gehackt

70 g bundz oder Feta, zerbröselt

FÜR DAS WALNUSSDRESSING

120 g Walnusskerne

1 Knoblauchzehe

90 ml kalt gepresstes Rapsöl

60 ml Zitronensaft, frisch gepresst (aus ca. 2 Zitronen)

1 EL Honig

Salz und frisch gemahlener schwarzer Pfeffer

1. Den Backofen auf 190 °C vorheizen. Die Roten Beten leicht einölen und einzeln in Alufolie wickeln. Auf ein Backblech legen und 1–1½ Stunden im Ofen rösten, bis sie vollständig durchgegart sind und sich mühelos mit einer Gabel einstechen lassen.

2. Die Roten Beten aus dem Ofen nehmen und die Päckchen öffnen, damit die Knollen etwas abkühlen können. Nun etwa 10 Minuten stehen lassen, bis sie so weit abgekühlt sind, dass man sie anfassen kann, und schälen. Die Roten Beten in 0,5 cm große Würfel schneiden.

3. Die Äpfel schälen und in 2 cm große Würfel schneiden. Die Petersilie fein hacken. Alles beiseitestellen.

4. **Für das Dressing** die Walnüsse 8–10 Minuten in einer heißen Pfanne rösten, bis sie goldbraun sind, dabei gelegentlich schwenken. Abkühlen lassen und fein hacken.

5. Nun 80 g von den gerösteten Walnüssen mit Knoblauch und Öl zu einem groben Püree vermixen. Die übrigen Walnüsse (40 g), den Zitronensaft und den Honig unterrühren. Mit Salz und Pfeffer würzen.

6. **Zum Fertigstellen** Rote Beten, Äpfel und Petersilie mit der Hälfte des Dressings vermischen, dann mit der anderen Hälfte beträufeln. Den Salat auf Teller verteilen und mit Walnüssen, Käse und noch etwas Petersilie bestreuen.

Sauerkrautsalat
mit Apfel und Karotte
SURÓWKA Z KISZONEJ KAPUSTY

Das Wort *surówka* bezeichnet einen Krautsalat mit zwei wichtigen Eigenschaften: Das verwendete Gemüse muss roh oder eingelegt sein und es sollte Biss haben. *Surówka* schmeckt typischerweise mit der Zeit immer besser. Diese Version mit Sauerkraut zählt zu den beliebtesten Gerichten in Polen, doch jeder Haushalt hat seine eigene Variante – mit oder ohne Apfel und Zwiebel, mit Kümmel gewürzt oder ohne und so weiter. Dies ist das Lieblingsrezept meines Vaters, doch der Schuss kalt gepresstes Rapsöl und der Löffel Honig sind mein persönlicher Touch.

ERGIBT: 4 Portionen / **ZUBEREITUNG:** 5 Minuten

300 g Sauerkraut (S. 238)

2 mittelgroße Äpfel der Sorte Gala (insgesamt ca. 350 g), vom Kerngehäuse befreit und geraspelt

1 mittelgroße Karotte (ca. 70 g), geschält und geraspelt

2 EL kalt gepresstes Rapsöl oder natives Olivenöl extra

1 TL Honig

1 TL Kümmelsamen, fein gemahlen

Salz und frisch gemahlener schwarzer Pfeffer

1. Das Sauerkraut in ein Sieb geben und mit den Händen überschüssige Flüssigkeit herauspressen. Gründlich klein hacken.

2. Das Sauerkraut mit den Äpfeln und der Karotte in einer großen Schüssel vermischen. Das Öl und den Honig hinzufügen und durchheben, bis alles gut vermischt ist. Mit Kümmel, Salz und Pfeffer würzen.

Gurkensalat
mit Sauerrahm und Dill

MIZERIA

Wenn der Sommer beginnt, kann ich mich nie entscheiden, ob ich die saftigen, süßen Tomaten lieber mag oder die erfrischenden Salatgurken, die ich mit ein paar Meersalzflocken bestreut genieße. Aber eins weiß ich genau: Als Salat in Kombination mit Sauerrahm schmecken Gurken einfach umwerfend! Dieser Salat ist frisch und cremig und wird mit reichlich Dill und Schalotten zubereitet, was dem Ganzen einen angenehmen Biss verleiht.

ERGIBT: 2–4 Portionen / **ZUBEREITUNG:** 15 Minuten

2 mittelgroße Salatgurken (insgesamt ca. 400 g), geschält

2 EL Sauerrahm

2 EL gehackter frischer Dill plus mehr zum Servieren

1 kleine Schalotte, in dünne Scheiben geschnitten

Salz und frisch gemahlener schwarzer Pfeffer

1. Die Salatgurken in sehr dünne Scheiben hobeln. In eine mittelgroße Schüssel geben, mit ½ TL Salz bestreuen und das Salz mit den Händen einmassieren. Etwas ruhen lassen, damit das Salz den Gurken Flüssigkeit entziehen kann.
2. Die Gurkenscheiben gründlich unter fließendem kaltem Wasser abspülen, um überschüssiges Salz zu entfernen, und gut abtropfen lassen. Dann zurück in die Schüssel geben, den Sauerrahm, den Dill und die Schalotte hinzufügen und miteinander verrühren. Mit Salz und Pfeffer abschmecken. Mit weiterem Dill bestreuen und sofort servieren.

Tipp: Für eine noch frischere Version probiere doch mal eine Variante mit Minze!

Cremiges Rote-Bete-Püree

BURACZKI NA CIEPŁO

Es gibt einige Dinge, die mich in völlig andere Dimensionen entschweben lassen – und dieses Rote-Bete-Püree gehört definitiv dazu! Ich kann es nicht genau festmachen, ob es an seiner Süße liegt, die von Sauerrahm und etwas Zitrone perfekt ausbalanciert wird, oder vielleicht an seiner Cremigkeit und Wärme, die so gut mit Kartoffelpüree harmonieren. Jedenfalls ist es eins dieser einfachen Gerichte, die meine Großmutter immer zubereitete und die mir absolut am besten schmecken.

ERGIBT: 4 Portionen / **ZUBEREITUNG:** 5 Minuten / **KOCHZEIT:** 50 Minuten

450 g kleine Rote Beten

1 EL Weizenmehl

1 EL Butter (15 g)

2 EL Sauerrahm

½ TL Honig

1 TL frisch gepresster Zitronensaft

Salz und frisch gemahlener schwarzer Pfeffer

1. Die Roten Beten in einen großen Topf mit gesalzenem Wasser legen und zum Kochen bringen. Etwa 40 Minuten kochen lassen, bis die Knollen weich sind. Abgießen und etwas abkühlen lassen.
2. Die gegarten Roten Beten schälen und fein raspeln. Mit Mehl, Butter, Sauerrahm, Honig und 1 kräftigen Prise Salz in einen mittelgroßen Topf geben und vermischen. Bei mittlerer Temperatur unter häufigem Rühren etwa 5 Minuten erhitzen, bis die Mischung kocht und eindickt.
3. Den Zitronensaft unterrühren. Mit Pfeffer abschmecken und, falls nötig, noch etwas Salz zugeben. Sofort servieren.

Tipp: Das Püree lässt sich am nächsten Tag in einem Topf mit einem kleinen Schuss Wasser gut aufwärmen.

Gebratene Fenchelgurken

PODSMAŻANE OGÓRKI Z NASIONAMI KOPRU WŁOSKIEGO

Das Schicksal der Gurke hat sich im Laufe der Jahrhunderte gewandelt. Heute essen wir sie roh, oft mit Sauerrahm wie im Gurkensalat auf S. 141, in Sandwiches oder Salaten. Sie können jedoch auch warm – gefüllt, in Sauerrahm gedünstet oder gar mit einer dickflüssigen, gehaltvollen Sauce – serviert werden. In der *staropolska* (altpolnischen) Küche des 17. Jahrhunderts bildeten Gurken sogar die Basis für Suppen oder wurden als heiße Vorspeisen gereicht. Warme Gurken sind wirklich köstlich! Am liebsten esse ich sie in Butter gebraten und mit frischen Fenchelsamen aromatisiert.

ERGIBT: 2–3 Portionen / **ZUBEREITUNG:** 5 Minuten / **RUHEZEIT:** 30 Minuten / **KOCHZEIT:** 5 Minuten

2 mittelgroße Salatgurken (insgesamt ca. 450 g)

½ TL Salz

1 EL Butter (15 g)

1 Knoblauchzehe, gehackt

1 TL Fenchelsamen, gemahlen

1 TL Apfelessig

frischer Dill, gehackt

1. Die Salatgurken längs halbieren und mit einem Teelöffel das weiche Innere mit den Samen herausschaben und entsorgen. Jede Hälfte nochmals der Länge nach halbieren. Die Gurken in eine Schüssel legen und mit dem Salz bestreuen, dann gründlich vermischen und mindestens 30 Minuten Wasser ziehen lassen.
2. Die Gurken abspülen, um überschüssiges Salz zu entfernen, dann abtropfen lassen.
3. In einer mittelgroßen Pfanne bei mittlerer Temperatur die Butter erhitzen. Knoblauch und Fenchelsamen hinzufügen und 30–60 Sekunden anrösten, bis sie aromatisch duften. Die Gurken zugeben und anbraten, bis sie heiß und von den Aromen durchdrungen sind. Vom Herd nehmen.
4. Zum Servieren in eine große Schüssel füllen. Apfelessig darüberträufeln und mit Dill bestreuen.

Buttererbsen

mit Salzmandeln und Petersilie

MAŚLANY GROSZEK Z SOLONYMI MIGDAŁAMI I PIETRUSZKĄ

Ich empfehle, dieses Gericht am besten während dieser flüchtigen Wochen im Frühling zu genießen, wenn die süßen Gartenerbsen Saison haben und überall auf den Bauernmärkten erhältlich sind. Diese besonders feine Kombination mit salzigen, knackigen Mandeln setzt auf die Süße der Frühlingserbsen und etwas Butter, die den Geschmack zart verstärkt. Falls gerade keine frischen Gartenerbsen angeboten werden, können sie durch gefrorene Erbsen ersetzt werden, dann bitte nicht vergessen, eine nicht zu kleine Menge Honig zuzugeben, damit die wunderbare Süße des Gerichts richtig zum Ausdruck kommt.

ERGIBT: 4–6 Portionen / **KOCHZEIT:** 10 Minuten

450 g gepalte frische Erbsen oder Erbsen (TK), aufgetaut

2 EL Butter (30 g)

1 TL frisch gepresster Zitronensaft

½ TL Honig

80 g geröstete Salzmandeln, gehackt

2 EL gehackte frische Petersilie

Salz und frisch gemahlener schwarzer Pfeffer

1. In einem mit Wasser gefüllten großen Topf die Erbsen bei mittlerer Temperatur kochen, bis sie weich sind, was 5–8 Minuten dauert (kürzer bei TK-Erbsen). Vom Herd nehmen, abgießen und zurück in den Topf geben.
2. Die Butter, den Zitronensaft und den Honig unterrühren. Die Mandeln und die Petersilie zugeben. Mit Salz und Pfeffer abschmecken und sofort servieren.

Dicke Bohnen
mit Minze und Knoblauch

BÓB Z MIĘTĄ I CZOSNKIEM

Im Sommer findest du in Polen dicke Bohnen ohne Schote in Tüten verpackt auf jedem Markt. Die beliebteste Art der Zubereitung ist, sie einfach in einem großen Topf mit gesalzenem Wasser zu kochen und pur und ungeschält als sommerlichen Snack zu genießen. Es hat etwas ganz Eigentümliches, wie sich an heißen Tagen der Duft der Bohnen in der Küche ausbreitet und wie weich sich die Bohnenkerne anfühlen, wenn man sie aus ihren Häuten gleiten lässt. Wenn die dicken Bohnen jung und frisch sind, kann man sie sogar roh und mit der noch dünnen Haut essen. Ich mag sie blanchiert und kurz in Butter und Olivenöl geschwenkt, so bildet sich eine köstlich salzige Sauce, die die Bohnenkerne überzieht. Zum Schluss vermische ich sie mit frischer Minze.

ERGIBT: 2–4 Portionen / **KOCHZEIT:** 15 Minuten

450 g frische Dicke Bohnen ohne Schote oder Dicke Bohnen (TK), aufgetaut

1 EL Butter (15 g)

1 EL natives Olivenöl extra

3 Knoblauchzehen, fein gehackt

30 g frische Minzeblätter

Salz und frisch gemahlener schwarzer Pfeffer

1. Einen großen Topf mit gesalzenem Wasser zum Kochen bringen. Ein Sieb in eine mit Eiswürfeln und Wasser gefüllte Schüssel stellen. Die Dicken Bohnen ins kochende Wasser geben und etwa 5 Minuten kochen, bis sie gerade eben gar sind. Vom Kochwasser 60 ml abnehmen.
2. Die dicken Bohnen durch ein feinmaschiges Sieb abgießen und in das Sieb geben, das im Eiswasser steht. Kurz darin abkühlen lassen, bis sie kalt sind, dann abgießen. Falls gewünscht, nun die Häute entfernen.
3. Die Butter mit dem Olivenöl in einem Topf erhitzen. Den Knoblauch 30 Sekunden darin anbraten, bis er aromatisch duftet. Die dicken Bohnen hinzufügen und erwärmen, dabei sanft umrühren, bis sie ringsum mit der Öl-Butter-Mischung überzogen sind.
4. Das aufbewahrte Kochwasser zugießen und köcheln, bis die Sauce eindickt. Vom Herd nehmen. Die Minzeblätter untermischen und mit Salz und Pfeffer würzen. Sofort servieren.

Geschmorter Rotkohl
mit Haselnüssen
MODRA KAPUSTA

Im 16. Jahrhundert wurden in der polnischen Küche zahlreiche asiatische Gewürze verwendet, die – auch in Hauptgerichten – großzügig zum Einsatz kamen. Meine Version des *modra kapusta* ist eine kleine Reminiszenz an die Aromen von damals. Dieser geschmorte Rotkohl ist leicht süß und aromatisch und die Haselnüsse bringen Crunch ins Spiel. Normalerweise serviere ich ihn als Beilage, aber der Rotkohl schmeckt auch ganz ausgezeichnet zu Butterbrot und einem Stückchen Blauschimmelkäse.

ERGIBT: 6 Portionen / **ZUBEREITUNG:** 10 Minuten / **KOCHZEIT:** 45 Minuten

75 g ungeschälte Haselnusskerne

1 TL Fenchelsamen

1 TL Kreuzkümmelsamen

2 EL Butter (30 g)

½ TL gemahlener Zimt

1 kleiner Rotkohl (ca. 900 g), Strunk entfernt und in dünne Streifen geschnitten

3 EL Sojasauce

1 säuerlicher Apfel (ca. 180 g) wie Granny Smith, geschält und geraspelt

2 EL Apfelessig

1 EL Honig

Salz und frisch gemahlener schwarzer Pfeffer

1. Den Backofen auf 180 °C vorheizen. Die Haselnüsse auf einem Backblech mit höherem Rand etwa 10 Minuten rösten, bis sie aromatisch duften und sich etwas dunkler gefärbt haben, dabei einmal durchmischen. Danach vollständig abkühlen lassen. Die Haselnüsse in einem Geschirrtuch so aneinander reiben, dass sich ein Großteil der Häute ablöst. (Keine Sorge, wenn ein paar störrische Reste an den Nüssen haften bleiben.) Die Haselnüsse grob hacken.

2. Die Fenchel- und Kreuzkümmelsamen im Mörser zerstoßen oder in einer Gewürzmühle mahlen.

3. In einer großen Pfanne die Butter bei mittlerer Temperatur erhitzen. Die gemahlenen Gewürze und den Zimt hineingeben und 1–2 Minuten erhitzen, bis sie aromatisch duften. Den Rotkohl, 250 ml Wasser und 2 EL Sojasauce hinzufügen. Den Deckel auflegen und 20–30 Minuten bei niedriger Temperatur schmoren, bis der Kohl gar ist.

4. Die Haselnüsse, den Apfel, den Essig, den Honig und den restlichen Esslöffel Sojasauce zugeben. Mit Salz und Pfeffer abschmecken und heiß servieren.

Frühlingssalat mit Hirse

SAŁATKA Z KASZY JAGLANEJ, RZODKIEWEK, SZPARAGÓW I SZPINAKU

Spargel ist mein besonderer Liebling, denn er ist das erste Gemüse, das man nach dem langen, kalten Winter in der Küche begrüßen darf, und der Genuss dauert nur wenige Wochen im Jahr an. Die grünen, knackigen Stangen schmecken am besten, wenn sie nur kurz in kochendem Wasser garen und einfach mit etwas Butter und Salz serviert werden. In diesem frischen Frühlingssalat präsentiert sich der Spargel von seiner besten Seite. Die Basis bilden kernige Hirse und ein paar Handvoll Blattspinat und Radieschen. Perfekt als Beilage oder mit etwas Feta bestreut auch als Hauptgericht.

ERGIBT: 4–6 Portionen / **ZUBEREITUNG:** 10 Minuten / **KOCHZEIT:** 15 Minuten

200 g Hirse

1 Bund grüner Spargel (500 g)

10 Radieschen, geputzt und in Scheiben gehobelt

1 kleine rote Zwiebel (120 g), klein gehackt

60 g Babyspinat

3 EL kalt gepresstes Rapsöl plus mehr zum Servieren

1 TL frisch gepresster Zitronensaft

frische Minze (optional)

Salz und frisch gemahlener schwarzer Pfeffer

1. In einem mittelgroßen Topf 500 ml Salzwasser zum Kochen bringen. Die Hirse einrühren und zugedeckt 15 Minuten bei niedriger Temperatur garen, bis sie die gesamte Flüssigkeit aufgenommen hat. Vom Herd nehmen.
2. Eine große Schüssel mit Eiswürfeln und Wasser füllen. Einen mittelgroßen Topf mit Wasser zum Kochen bringen, dann den Spargel hineingeben und etwa 3 Minuten kochen, bis er intensiv grün und bissfest gegart ist. Den Spargel mithilfe eines Schaumlöffels zum Abkühlen ins Eiswasser legen, dann abgießen und mit Küchenpapier trocken tupfen.
3. Die Hirse mit Spargel, Radieschen, Zwiebel und Spinat in eine große Schüssel füllen, mit Öl und Zitronensaft beträufeln und durchheben. Mit Salz und Pfeffer abschmecken. Mit weiterem Öl beträufeln und, falls gewünscht, mit Minzeblättern garnieren und servieren.

Tomatensalat
mit Meerrettich

SAŁATKA Z POMIDORÓW Z CHRANZEM

Süße, saftige Tomaten vom Bauernmarkt sind einfach unvergleichlich. Ich esse sie pur oder nur mit einer Prise Meersalzflocken bestreut. Dieses Meerrettichdressing mit seiner erdigen, pikanten Note ergänzt sie jedoch ganz wunderbar und sorgt dafür, dass sie noch ein bisschen besser schmecken.

ERGIBT: 2 Portionen / **ZUBEREITUNG:** 5 Minuten

1½ EL verzehrfertiger Meerrettich, frisch gerieben oder aus dem Glas

2 EL kalt gepresstes Rapsöl

1 TL frisch gepresster Zitronensaft

1 TL Honig

350 g Tomaten, bevorzugt Kirschtomaten, halbiert

2 EL gehackte frische Petersilie plus mehr zum Servieren

Meersalzflocken

Salz und frisch gemahlener schwarzer Pfeffer

1. In einer mittelgroßen Schüssel den Meerrettich mit Rapsöl, Zitronensaft und Honig verrühren. Mit Salz und Pfeffer würzen.
2. Tomaten und Petersilie hinzufügen und sorgfältig mit dem Dressing vermischen. Mit noch etwas Pfeffer übermahlen und mit Meersalzflocken und mehr Petersilie bestreuen.

Tipp: Probiere den Salat auch mal mit 1–2 EL Mandelblättchen, damit schmeckt's mir sogar noch besser.

Piroggen, Knödel & Co.

Pierogi i inne kluski

Piroggen zubereiten ist so entspannend! Man kann sich dazu hinsetzen, seinen Gedanken nachhängen und man muss keinen Terminen hinterherhetzen. Am liebsten mache ich sie zusammen mit meiner Familie oder mit Freunden. Ich lade sie zu mir ein, normalerweise sonntags, wenn alle Zeit haben, wir trinken ein paar Bier oder Cidre und machen eine Piroggenparty. Es werden immer mehrere verschiedene Füllungen zubereitet. Zuerst *Pierogi Ruskie* (S. 163) mit Kartoffeln, karamellisierten Zwiebeln und *twaróg*. Das sind wahrscheinlich die beliebtesten Piroggen in ganz Polen. Meine zweitliebsten Piroggen sind gefüllt mit Sauerkraut, Pilzen und kandierter Orangenschale (S. 164), die typischerweise an Weihnachten serviert werden. Ich kann jedoch nicht widerstehen, sie mehr als nur einmal im Jahr zu essen.

Die Kombinationsmöglichkeiten für *pierogi* sind grenzenlos: Verschiedenes gegartes Gemüse, Bohnen und Milchprodukte verbinden sich zur Füllung deiner ganz persönlichen Lieblingsteigtaschen. In meiner Familie ist eine bestimmte Füllung ganz besonders wichtig: Sauerkirschen. Das ist unsere kleine Tradition im Juli: Mein Onkel pflückt die Früchte vom Kirschbaum, der seit fünfzig Jahren in unserem Hof wächst, meine Großmutter knetet den Teig und ich fülle die *pierogi* mit je drei Kirschen. Wir servieren sie mit dem aufgeschlagenen Vanillesauerrahm aus dem Rezept für die Blaubeerpiroggen mit Honigsauerrahm (S. 175). Und wir essen jedes Jahr viel zu viele.

Grundteig für Piroggen

CIASTO NA PIEROGI

Jede:r hält das eigene Rezept für Piroggen – gefüllte Teigtaschen – für das beste. Ich auch. Viele Piroggenrezepte enthalten Eigelbe oder ganze Eier. Meins jedoch nicht, da ich finde, das macht den Teig zäh. Mein Schlüssel zum Erfolg ist eine größere Menge kalt gepresstes Rapsöl, das dem Teig eine perfekt weiche Konsistenz und einen wunderbar nussigen Duft verleiht. Die Konsistenz ist der wichtigste Teil: Manchmal braucht der Teig etwas mehr Mehl oder noch ein bisschen Wasser, damit er sich zu einer schönen Teigkugel formen lässt. Übung macht den Meister: Bleib am Ball – und plötzlich verwandelst du dich in eine echte polnische Großmutter.

ERGIBT: 30–50 Stück (4–6 Portionen) / ZUBEREITUNG: 30 Minuten
RUHEZEIT: 15 Minuten / GARZEIT: 10 Minuten

450 g Weizenmehl plus mehr zum Kneten und als Unterlage

1 TL Salz

60 ml kalt gepresstes Rapsöl oder natives Olivenöl extra

1 EL Sonnenblumenöl

1. Mehl und Salz in eine große Schüssel geben. Rapsöl und 230 ml Wasser in eine zweite Schüssel gießen. Die flüssigen Zutaten langsam übers Mehl träufeln und mit einem Holzlöffel verrühren, bis ein Teig entstanden ist. Den Teig auf die saubere, leicht bemehlte Arbeitsfläche legen und 4–5 Minuten kneten, bis er weich und geschmeidig ist. Eine Schüssel darüberstülpen und mindestens 15 Minuten bei Zimmertemperatur ruhen lassen, um das Gluten zu entspannen.

2. Den Teig in drei gleiche Portionen teilen. Eine Portion auf die leicht bemehlte Arbeitsfläche setzen. Den restlichen Teig mit einem sauberen Geschirrtuch abdecken, damit er nicht austrocknet. Die Teigportion mit einem Nudelholz knapp 3 mm dick ausrollen, dann anheben, um bei Bedarf die Arbeitsfläche frisch zu bemehlen, damit der Teig nicht festklebt.

3. Mit einem Ausstecher oder einem umgedrehten Glas etwa 6,5 cm große Kreise aus dem Teig ausstechen. Dann die Teigkreise noch etwas dünner auf etwa 7,5 cm ausrollen. Teigreste zu einer Kugel formen und beiseitelegen. Die anderen beiden Teigportionen und die Teigreste auf dieselbe Weise verarbeiten, bis der gesamte Teig verbraucht und 30–50 Teigkreise ausgestochen sind.

4. Von der Füllung je 1–2 Esslöffel in die Mitte jedes Teigkreises setzen, dabei ringsum einen 2 cm breiten Rand frei lassen. Die gegenüberliegenden Seiten über die Füllung klappen und die Teigränder so zusammenpressen, dass die Füllung innen eingeschlossen ist und eine Halbkreisform entsteht.

5. Die Ränder sehr sorgfältig zusammendrücken. Falls sie nicht zusammenhalten, die Ränder innen mit wenig Wasser einpinseln und erneut verschließen. Keinerlei Lücken lassen, sonst öffnen sich die Piroggen beim Kochen.

6. Die Piroggen auf ein leicht bemehltes Geschirrtuch legen und mit einem weiteren Geschirrtuch abdecken, damit sie nicht austrocknen. Fortfahren, bis alle Teigkreise gefüllt sind.

6. Einen großen Topf mit gesalzenem Wasser zum Kochen bringen, das Sonnenblumenöl hinzufügen. Die Piroggen portionsweise garen, dazu immer 10–15 Piroggen auf einmal mithilfe eines Schaumlöffels behutsam in den Topf gleiten lassen. Wenn sie an die Oberfläche aufsteigen, weitere 1–2 Minuten kochen, dann mit dem Löffel herausnehmen und sofort in einem Sieb abtropfen lassen. Mit Butter und Sauerrahm servieren.

Tipp: Ungegarte Piroggen halten im Tiefkühler 2 Monate. Dazu die Piroggen auf einem Backblech ausgebreitet etwa 1 Stunde gefrieren lassen, dann in einen Gefrierbeutel füllen. Die gefrorenen Piroggen direkt in den Kochtopf geben, sie benötigen dann 2 Minuten mehr Garzeit.

Pierogi Ruskie

Pierogi ruskie – »russische« Piroggen – gehören zu den beliebtesten polnischen Klassikern, haben jedoch gar nichts mit Russland zu tun. Diese Piroggen sind mit Kartoffelpüree gefüllt, das mit *twaróg* und etwas goldbraun gebratener Zwiebel vermischt ist. Der *twaróg* oder Quark sollte einen möglichst hohen Fettanteil besitzen und von bester Qualität sein. Wichtig ist auch, dass die Füllung mit einer ordentlichen Menge frisch gemahlenem schwarzem Pfeffer gewürzt wird, er darf ruhig etwas auf der Zunge prickeln. *Pierogi* schmecken sowohl in der Pfanne gebraten als auch direkt aus dem Kochtopf ganz köstlich. Ich empfehle, in Wasser gekochte Piroggen mit warmer Nussbutter zu servieren. Das hat schon meine Urgroßmutter so gemacht, und die wusste, wo's kulinarisch langgeht!

······ ERGIBT: ca. 50 Stück (4–6 Portionen) / ZUBEREITUNG: 40 Minuten / KOCHZEIT: 20 Minuten ······

3 mehligkochende Kartoffeln (ca. 500 g), geschält und klein geschnitten

340 g Quark oder twaróg *(S. 50)*

2 EL Butter (30 g)

3 kleine weiße Zwiebeln (insgesamt 300 g), gehackt

Grundteig für Piroggen (S. 160)

60 g Butter

frischer Thymian

Meersalzflocken zum Servieren

Sauerrahm

Salz und frisch gemahlener schwarzer Pfeffer

1. Die Kartoffeln in großzügig gesalzenem Wasser kochen, bis sie weich sind, was 15–20 Minuten dauert. Dann abgießen und zurück in den Topf geben. Die Kartoffeln zerstampfen, den Quark zugeben und erneut zerstampfen.
2. Während die Kartoffeln kochen, in einer großen Pfanne die Butter erhitzen. Die Zwiebeln hinzufügen und 10–15 Minuten unter häufigem Rühren goldbraun anbraten. Die Zwiebeln zusammen mit ½ TL Pfeffer zur Kartoffel-Quark-Mischung geben und unterrühren. Mit Salz und noch mehr Pfeffer abschmecken. (Die Füllung sollte sehr pfeffrig sein.) Vollständig abkühlen lassen.
3. In der Zwischenzeit den Piroggenteig herstellen. Die Piroggen nach den Anweisungen im Rezept füllen, garen und abtropfen lassen.
4. In einer mittelgroßen Pfanne die Butter schmelzen. Bei niedriger Temperatur 6–8 Minuten erhitzen, bis sie sich goldbraun färbt und nussig zu duften beginnt. Vom Herd nehmen.
5. Zum Servieren die Piroggen auf Teller verteilen. Mit der braunen Butter beträufeln, mit Thymianblättchen und einem Hauch Meersalzflocken bestreuen und mit Sauerrahm servieren.

Piroggen
mit Sauerkraut, Pilzen und Orangenschale

PIEROGI Z KISZONĄ KAPUSTĄ, GRZYBAMI I KANDYZOWANĄ SKÓRKĄ Z POMARAŃCZY

Diese Piroggen werden gewöhnlich im Rahmen eines traditionellen polnischen Abendessens zu Heiligabend serviert – ein Festessen aus zwölf Gerichten –, aber ich liebe sie so sehr, dass ich sie das ganze Jahr über koche. Da für manche eine reine Sauerkrautfüllung vielleicht zu säuerlich wäre, besänftige ich sie mit etwas kandierter Orangenschale, die ihr eine feine Süße verleiht und einen zart weihnachtlichen Anstrich.

ERGIBT: ca. 30 Stück (4 Portionen) / ZUBEREITUNG: 30 Minuten / KOCHZEIT: 1 Stunde

450 g Sauerkraut (S. 238), abgetropft und fein gehackt

ca. 100 g Butter

1 mittelgroße Zwiebel (180 g), gehackt

2 Lorbeerblätter

450 g Austernpilze (s. Tipp), klein geschnitten

1 kleine Karotte (etwa 100 g), geschält und geraspelt

ca. 90 g kandierte Orangenschale, klein gehackt

Grundteig für Piroggen (S. 160)

1 Sternanis

2 Gewürznelken

Salz und frisch gemahlener schwarzer Pfeffer

1. **Für die Füllung** das Sauerkraut in einen mittelgroßen Topf geben, mit Wasser bedecken und 40 Minuten bei niedriger Temperatur köcheln, bis es weich ist. Gut abtropfen lassen.

2. In einer großen Pfanne 1 EL Butter erhitzen. Die Zwiebel und die Lorbeerblätter hineingeben und 3–4 Minuten braten, bis die Zwiebel glasig geworden ist, dabei ab und zu umrühren. Dann 1 weiteren EL Butter hinzufügen, schmelzen lassen, die Pilze zugeben und 5–8 Minuten goldbraun braten. Anschließend noch 1 EL Butter zugeben, dann Sauerkraut, Karotte und 2 EL kandierte Orangenschale hinzufügen und 2 weitere Minuten erhitzen, bis sich die Aromen verbinden. Die Lorbeerblätter entfernen, die Mischung salzen und pfeffern. Vollständig abkühlen lassen.

3. Inzwischen den Piroggenteig herstellen. Die Piroggen nach den Anweisungen im Rezept füllen, garen und abtropfen lassen.

4. **Für das Topping** die restlichen 4 EL Butter (60 g), 3 EL kandierte Orangenschale, Sternanis und Gewürznelken in einem kleinen Topf erhitzen. Vom Herd nehmen, damit sich die Aromen entfalten.

5. Zum Servieren die Piroggen auf Teller verteilen und großzügig mit dem Topping beträufeln.

Tipp: Der Austernpilze lassen sich auch durch 115 g getrocknete Pilze ersetzen, die 40 Minuten gegart wurden.

Piroggen
mit Buchweizen, bryndza und Minze

PIEROGI Z KASZĄ GRYCZANĄ, BRYNDZĄ I MIĘTĄ

Das sind die Lieblingspiroggen meiner Großmutter. Sie bereitete sie immer doppelt so groß zu wie normale *pierogi* – es kann allerdings durchaus sein, dass ich sie nur so in Erinnerung habe, weil ich damals noch so klein war. Ich bat sie um drei Piroggen, bekam aber immer vier oder fünf von den Riesenpiroggen auf den Teller gelegt. Sie war sehr großzügig mit ihren *pierogi*, die sie mit nussigem Buchweizen und *twaróg* füllte. In meiner Version verwende ich *bryndza* (Brimsen) aus Schafmilch, ein regionaler Käse aus der Region Podhale. Falls es in deiner Umgebung kein Geschäft mit polnischem Lebensmittelangebot gibt, kannst du stattdessen auch Feta nehmen. Ich verwende für die Füllung gern Minze, die für einen unglaublich erfrischenden Kick sorgt.

ERGIBT: ca. 30 Stück (4 Portionen) / **ZUBEREITUNG:** 40 Minuten plus Kühlzeit / **KOCHZEIT:** 20 Minuten

150 g ganze Buchweizenkörner

1 EL Butter (15 g)

1 mittelgroße weiße Zwiebel (180 g), gehackt

30 g frische Minzeblätter, fein gehackt, plus mehr zum Servieren

150 g bryndza *(Brimsen) oder Feta, zerkrümelt*

Grundteig für Piroggen (S. 160)

Kalt gepresstes Rapsöl

Sauerrahm

Salz und frisch gemahlener schwarzer Pfeffer

1. Für die Füllung in einem mittelgroßen Topf 500 ml Wasser zum Kochen bringen. Den Buchweizen hineingeben, dann den Deckel auflegen und 15 Minuten bei niedriger Temperatur kochen, bis er die gesamte Flüssigkeit aufgenommen hat. Vom Herd nehmen und abgedeckt ausquellen lassen.

2. Während der Buchweizen gart, in einer großen Pfanne die Butter erhitzen. Die Zwiebel zugeben und 3–4 Minuten anbraten, bis sie glasig geworden ist, dabei ab und zu rühren. Den gegarten Buchweizen, die Minze und den Käse hinzufügen. Unter gelegentlichem Umrühren 2–3 Minuten erhitzen, bis sich alle Zutaten miteinander verbunden haben. Falls nötig, mit Salz (der Käse ist bereits sehr salzig) und Pfeffer würzen. Vollständig abkühlen lassen.

3. In der Zwischenzeit den Piroggenteig herstellen. Die Piroggen nach den Anweisungen im Rezept füllen, garen und abtropfen lassen.

4. Zum Servieren die Piroggen auf Teller verteilen. Mit weiteren Minzeblättchen bestreuen, mit etwas Rapsöl beträufeln und mit einem Klecks Sauerrahm anrichten.

Piroggen
mit Spinat, Ziegenkäse und Salzmandeln

PIEROGI ZE SZPINAKIEM, SEREM KOZIM I SOLONYMI MIGDAŁAMI

Spinat weckt oft traumatische Erinnerungen an die Kindheit – ich selbst muss dabei unweigerlich an diese grüne Masse mit der eigenartigen Konsistenz denken, die es jeden Donnerstag in der Schulmensa gab. In diesen Piroggen überrascht der Spinat jedoch mit einem neuen wunderbaren Aroma. Die Füllung wird ergänzt durch Ziegenkäse, der auf der Zunge zergeht, sowie durch knackige Salzmandeln und etwas Zitronenschale, die eine frische Note mitbringt. Zum Servieren streue ich als kleinen Gruß aus Italien etwas Parmesan über die *pierogi*. Köstlich!

ERGIBT: ca. 30 Piroggen (2–3 Portionen) / **ZUBEREITUNG:** 30 Minuten plus Kühlzeit / **KOCHZEIT:** 10 Minuten

2 EL Butter (30 g)

1 mittelgroße rote Zwiebel (ca. 150 g), gehackt

3 Knoblauchzehen, gehackt

200 g frischer Blattspinat

1 EL gehackte frische Petersilie

30 g Salzmandeln, gehackt

½ TL abgeriebene Schale von einer Bio-Zitrone

100 g Ziegenfrischkäse

½ Rezeptmenge Grundteig für Piroggen (S. 160)

kalt gepresstes Rapsöl

Parmesan, frisch gerieben

Salz und frisch gemahlener schwarzer Pfeffer

1. Für die Füllung in einer großen Pfanne die Butter bei mittlerer bis niedriger Temperatur erhitzen. Die Zwiebel hineingeben und unter gelegentlichem Rühren 3–4 Minuten anbraten, bis sie glasig geworden ist. Den Knoblauch hinzufügen und etwa 30 Sekunden unter ständigem Rühren anbraten, bis er aromatisch duftet. Den Spinat zugeben, salzen und pfeffern und unter Schwenken garen, bis er zusammenzufallen beginnt. Vom Herd nehmen und abkühlen lassen.

2. Die Spinatmischung auf ein Schneidebrett geben und grob hacken. In eine mittelgroße Schüssel füllen. Die Petersilie, die Mandeln, die Zitronenschale und den Käse hinzufügen und sorgfältig vermischen.

3. Nun den Piroggenteig herstellen. Die Piroggen nach den Anweisungen im Rezept füllen, garen und abtropfen lassen.

4. Zum Servieren die Piroggen auf Teller verteilen. Mit kalt gepresstem Rapsöl beträufeln und mit Parmesan bestreuen.

Piroggen
mit Linsen und getrockneten Tomaten

PIEROGI Z SOCZEWICĄ I SUSZONYMI POMIDORAMI

Kreuzkümmel und Koriander waren in der polnischen Küche des 17. Jahrhunderts beliebte Gewürze. Dank des Hummustrends erleben sie heute ein Comeback. Worüber ich mich sehr freue, denn ich mische diese Gewürze gerne unter meine wunderbare Linsenfüllung für Piroggen. Für meine Lieblingsversion werden die Piroggen angebraten – besonders mag ich die unterschiedlichen Konsistenzen von knusprigem Teig und weichen, würzigen Linsen.

ERGIBT: ca. 30 Piroggen (2–3 Portionen) / **ZUBEREITUNG:** 30 Minuten plus Kühlzeit / **KOCHZEIT:** 50 Minuten

150 g grüne Linsen

2 Lorbeerblätter

2 EL Butter (30 g)

1 mittelgroße weiße Zwiebel (180 g), gehackt

3 Knoblauchzehen, in dünne Scheiben geschnitten

1 knapper TL Koriandersamen, in der Gewürzmühle oder im Mörser fein gemahlen (alternativ Korianderpulver)

½ TL Kreuzkümmelsamen, in der Gewürzmühle oder im Mörser fein gemahlen (alternativ Kreuzkümmelpulver)

50 g getrocknete Tomaten, klein geschnitten

1 EL Sojasauce

½ Rezeptmenge Grundteig für Piroggen (S. 160)

3 EL Butterschmalz (40 g)

Parmesan, frisch gerieben

Salz und frisch gemahlener schwarzer Pfeffer

1. In einem großen Topf mit Wasser die Linsen mit den Lorbeerblättern 30–40 Minuten kochen, bis die Linsen weich sind. Sobald sie knapp gar sind, die Linsen mit Salz würzen. (Wenn man Linsen in Salzwasser kocht, werden sie nicht weich.) Die Linsen abgießen und die Lorbeerblätter entfernen.

2. In einer mittelgroßen Pfanne die Butter bei mittlerer Temperatur erwärmen. Die Zwiebel hineingeben und 4–5 Minuten braten, bis sie weich ist. Den Knoblauch, den Koriander und den Kreuzkümmel hinzufügen und etwa 1 Minute erhitzen, bis es aromatisch duftet. Die getrockneten Tomaten und die Sojasauce zugeben und unterrühren. Vom Herd nehmen. Mit Salz und Pfeffer abschmecken. Vollständig abkühlen lassen.

3. In der Zwischenzeit den Piroggenteig herstellen. Die Piroggen nach den Anweisungen im Rezept füllen, garen und abtropfen lassen.

4. In einer mittelgroßen Pfanne 1 EL Butterschmalz erhitzen. Einige gekochte Piroggen hineinlegen und auf beiden Seiten anbraten, bis sie goldbraun und knusprig sind, was insgesamt etwa 3 Minuten dauert. Auf einen Teller legen und mit Parmesan bestreuen. Die restlichen Piroggen auf dieselbe Weise fertigstellen, dabei jeweils nach Bedarf noch etwas Butterschmalz in die Pfanne geben.

Kartoffelknödel
mit Zwetschgen und Zimt-Honig-Butter

KNEDLE ZE ŚLIWKAMI I MASŁEM CUNAMONOWO-MIODOWYM

Diese kleinen Knödel, die jeweils aus einer mit Kartoffelteig ummantelten ganzen reifen Zwetschge bestehen, sind einer der größten Herbstschätze in Polen. Bei mir kommt zur Füllung noch Zimt-Honig-Butter dazu. Wenn man die knusprige Hülle aus karamellisierten Semmelbröseln durchbricht, fließt die mit dem Zwetschgensaft vermischte Zimt-Honig-Butter heraus – ein Traum!

ERGIBT: 20–30 Stück (4 Portionen) / ZUBEREITUNG: 30 Minuten
KÜHLZEIT: 20 Minuten / KOCHZEIT: 30 Minuten

FÜR DIE FÜLLUNG

60 g zimmerwarme Butter

3 EL Honig

1 TL gemahlener Zimt

350 g reife Zwetschgen oder Damaszenerpflaumen (20–30 Stück)

FÜR DEN TEIG

450 g mehligkochende Kartoffeln, geschält und klein geschnitten

1 großes Ei, leicht verquirlt

130 g Weizenmehl plus mehr nach Bedarf

1 EL Speisestärke

Salz

FÜR DAS TOPPING

3 EL Butter (45 g)

2 EL Semmelbrösel

1 Prise Zucker

1 Prise Salz

1. **Für die Füllung** Butter mit Honig und Zimt vermischen. Die Zwetschgen der Länge nach entlang der Furche aufschneiden (jedoch nicht komplett halbieren) und den Stein entfernen. Die Zwetschgen mit jeweils etwa ½ TL Zimt-Honig-Butter füllen. Mindestens 20 Minuten in den Kühlschrank legen.

2. **Für den Teig** die Kartoffeln etwa 20 Minuten in einem großen Topf mit Salzwasser kochen, bis sie gar sind. Abgießen, zurück in den Topf geben und zerstampfen, dann in eine mittelgroße Schüssel füllen und vollständig abkühlen lassen.

3. Ei, Mehl, Stärke und 1 kräftige Prise Salz zur Kartoffelmasse geben und unterrühren. Die Mischung von Hand kneten, bis ein geschmeidiger Teig entstanden ist, der nicht mehr an den Händen klebt. Bei Bedarf noch etwas Mehl hinzufügen.

4. Den Teig auf die bemehlte Arbeitsfläche geben und entsprechend der Anzahl an Zwetschgen in gleiche Stücke teilen. (Die Teigportion sollte etwa doppelt so groß sein wie die Zwetschgen.) Mit bemehlten Händen die Teigstücke flach drücken, bis sie groß genug sind, um eine Zwetsche zu umhüllen. Die Zwetschgen auf die Teigstücke legen, umschließen und die Nahtstelle mit den Fingerspitzen sorgfältig zusammendrücken.

5. Einen großen Topf mit leicht gesalzenem Wasser zum Kochen bringen und alle Knödel hineingeben. Wenn sie an der Oberfläche schwimmen, nochmals 5 Minuten garen.

6. **Für das Topping** in einer großen Pfanne die Butter bei mittlerer Temperatur erhitzen. Semmelbrösel, Zucker und Salz darin einige Minuten goldbraun rösten. Gelegentlich umrühren.

7. Die Knödel gut abtropfen lassen, dann in die Pfanne geben und 1–2 Minuten anbraten, bis sie goldbraun gefärbt und mit Semmelbröseln überzogen sind, ab und zu wenden. Warm servieren.

Tipp: Von der Zimt-Honig-Butter bleibt auf jeden Fall etwas übrig – sie schmeckt himmlisch auf geröstetem Roggenbrot (S. 70) oder Vollkornzopf mit Mandelstreuseln (S. 61).

Blaubeerpiroggen mit Honigsauerrahm

PIEROGI Z JAGODAMI I MIODOWĄ KWAŚNĄ ŚMIETANA

Heiße Tage, strahlende Sonne und über den Markt bummeln, um wilde Blaubeeren zu kaufen – das ist für mich Sommer in Polen! Danach gemütlich Piroggen zubereiten und sie mit so vielen Blaubeeren füllen, wie nur hineinpassen – aber Achtung, dass der süße lilafarbene Fruchtsaft nicht komplett die Hände verfärbt. Ich gebe gern noch etwas Kardamom zur Blaubeerfüllung, das zaubert einen Hauch von Märchen hinein. Sofort nach dem Kochen mit Sauerrahm und Honig servieren – der perfekte Sommergenuss!

ERGIBT: ca. 40 Stück (4 Portionen) / **ZUBEREITUNG:** 30 Minuten / **GARZEIT:** 15 Minuten

50 g Blaubeeren, frisch oder TK, plus mehr zum Servieren

1 EL Speisestärke

4 EL Honig plus mehr zum Servieren

1 knapper TL gemahlener Kardamom

Grundteig für Piroggen (S. 160)

250 g Sauerrahm oder Crème fraîche

1 TL Vanilleextrakt

1. Für die Füllung die Blaubeeren mit der Speisestärke, 3 EL Honig und dem Kardamom in eine große Schüssel geben.

2. Den Piroggenteig herstellen und nach den Anweisungen füllen, kochen und abtropfen lassen.

3. Während die Piroggen garen, den Sauerrahm mit der Vanille und dem übrigen 1 EL Honig etwa 5 Minuten leicht fluffig aufschlagen.

4. Zum Servieren die Piroggen auf Tellern verteilen und mit dem Sauerrahm, weiteren Blaubeeren und Honig anrichten.

Tipp: Im Sommer sprießen auf dem polnischen Land die *jagody*, auch bekannt als wilde Blau- oder Heidelbeeren. Für den authentisch polnischen Geschmack nimm am besten wilde Blaubeeren statt Zuchtblaubeeren, wenn du welche auftreiben kannst.

Piroggen
mit Trockenpflaumen, Orange und Walnüssen

PIEROGI Z SUSZONYMI ŚLIWKAMI, SKÓRKĄ POMARAŃCZOWĄ I ORZECHAMI WŁOSKIMI

Ganz ehrlich, *pierogi* mit Trockenpflaumen lösten in meiner Kindheit nicht gerade Begeisterungsstürme bei mir aus. Meine Großmutter bereitete sie immer für Heiligabend zu, hauptsächlich, um meinen Onkel damit zu verwöhnen, der locker ein Dutzend davon wegputzt. Sie packt eine hübsche ganze getrocknete Pflaume in ein Stück Teig und kocht sie dann, während ich es lieber mag, die Trockenpflaumen zu einer Paste zu pürieren und diese mit Orange und Zimt zu aromatisieren. Walnüsse sorgen für einen willkommenen Kontrast zu den ansonsten weichen Teigtaschen.

ERGIBT: ca. 20 Stück (2–4 Portionen) / **ZUBEREITUNG:** 30 Minuten / **KOCHZEIT:** 10 Minuten

200 g Trockenpflaumen, entsteint und klein gehackt

2 EL abgeriebene Orangenschale (von 2 mittelgroßen Bio-Orangen)

50 g Walnusskerne, gehackt

1 Prise Salz

½ Rezeptmenge Grundteig für Piroggen (S. 160)

50 g Semmelbrösel

3 EL Butter (45 g)

gemahlener Zimt

60 ml Sauerrahm

1. Die Trockenpflaumen etwa 30 Minuten in heißem Wasser einweichen, bis sie weich sind, dann abgießen. Die Pflaumen im Mixer zu einer homogenen Paste pürieren. Die Orangenschale, 30 g Walnüsse und das Salz hinzufügen.

2. Den Piroggenteig herstellen und nach den Anweisungen füllen, kochen und abtropfen lassen.

3. Während die Piroggen garen, die Butterbrösel zubereiten. Dazu eine mittelgroße Pfanne bei mittlerer Temperatur erhitzen. Die Semmelbrösel und die restlichen 20 g Walnüsse zugeben und etwa 2 Minuten in der Pfanne schwenken, bis sie einen goldenen Farbton angenommen haben. Die Butter und den Zimt hinzufügen und etwa 2 Minuten unter Rühren erhitzen, bis sich der Pfanneninhalt goldbraun gefärbt hat.

4. Zum Servieren die Piroggen auf Teller verteilen. Mit den gebratenen Butterbröseln bestreuen und mit dem Sauerrahm und 1 Prise Zimt servieren.

Teigtäschchen
mit getrockneten Steinpilzen

USZKA Z BOROWIKAMI

Bezaubernd klein und großzügig mit feinen Steinpilzen gefüllt, gehören diese Teigtaschen zu meinen absoluten Lieblingen. Traditionell schwimmen *uszka* (»kleine Öhrchen«) an Heiligabend in klarem Borschtsch (S. 84), was ihnen eine hübsche Farbe und noch einen Tick mehr Aroma beschert. Frisch sind sie perfekt, aber lege dir auch ein paar zum Aufwärmen beiseite – mit Butter und Schnittlauch gemütlich auf der Couch verspeist, sind sie der perfekte kleine Verwöhnimbiss, nachdem sich die Feiertagsgäste verabschiedet haben.

ERGIBT: ca. 25 Stück (4 Portionen) / **ZUBEREITUNG:** 30 Minuten / **KOCHZEIT:** 15 Minuten

30 g getrocknete Pilze, bevorzugt Steinpilze

2 EL Butter (30 g)

1 mittelgroße Zwiebel (180 g), fein gehackt

1 EL Sojasauce

1 EL Semmelbrösel

½ Rezeptmenge Grundteig für Piroggen (S. 160)

1 EL Sonnenblumenöl

Salz und frisch gemahlener schwarzer Pfeffer

1. Die getrockneten Pilze in einen Topf geben und mit etwa 250 ml Wasser bedecken. Zum Kochen bringen. Die Temperatur senken und etwa 30 Minuten kochen, bis sie weich sind.
2. Die Pilze abgießen, dabei die Flüssigkeit auffangen und anderweitig verwenden (s. Tipp). Die Pilze sehr fein hacken und beiseitestellen.
3. In einer mittelgroßen Pfanne 1 EL Butter (15 g) bei mittlerer Temperatur erhitzen. Die Zwiebel und 1 Prise Salz hineingeben und 5–6 Minuten anbraten, bis sie weich ist. Den restlichen EL Butter und die Pilze hinzufügen und weitere 2 Minuten braten. Die Sojasauce und die Semmelbrösel zugeben, salzen, pfeffern und abkühlen lassen.
4. Den Piroggenteig zubereiten, aber nur Schritt 1 ausführen, dann den Teig in zwei gleiche Portionen teilen. Eine davon auf einer leicht bemehlten Arbeitsfläche mit dem Nudelholz knapp 3 mm dick ausrollen, dann den Teig anheben, um die Arbeitsfläche, falls nötig, erneut zu bemehlen, damit der Teig nicht anklebt. Mit einem kleinen Ausstecher oder einem umgedrehten Glas 5 cm große Kreise ausstechen. Die einzelnen Kreise noch etwas dünner ausrollen, bis sie etwa 6 cm groß sind. Die andere Teigportion samt der angefallenen Teigreste auf dieselbe Weise verarbeiten.
5. In die Mitte jedes Teigkreises ½ TL Füllung platzieren. Die gegenüberliegenden Teigränder über der Füllung zusammennehmen, dann die Ränder zusammendrücken, sodass ein

Halbkreis entsteht. Die Ränder fest aneinanderpressen, um die Füllung innen einzuschließen (sollten die Ränder nicht haften, diese innen mit etwas Wasser einpinseln und festdrücken). Die gegenüberliegenden Enden der Halbkreise zusammenbringen und durch Festdrücken miteinander verbinden (so sieht es aus wie ein Ring). Darauf achten, dass nirgends Lücken bleiben, sonst öffnen sich die Teigtaschen beim Kochen. Fortfahren, bis der Teig aufgebraucht ist.

6. In einem großen Topf Wasser mit Salz und Öl zum Kochen bringen. Mit einem Schaumlöffel die *uszka* in Portionen von jeweils 10–15 Stück hineingeben und etwa 2 Minuten garen, bis sie an die Oberfläche steigen. Sofort mit einem Schaumlöffel herausheben. Mit klarem Borschtsch servieren.

Tipps: Für die Füllung kann man auch die Pilze nehmen, die bei der Zubereitung des klaren Borschtsch (S. 84) nicht verwendet wurden.

Die Garflüssigkeit von Pilzen ist ein richtiger Umami-Shot. Du kannst diese Pilzbouillon z.B. für die Zubereitung einer anderen Suppe verwenden.

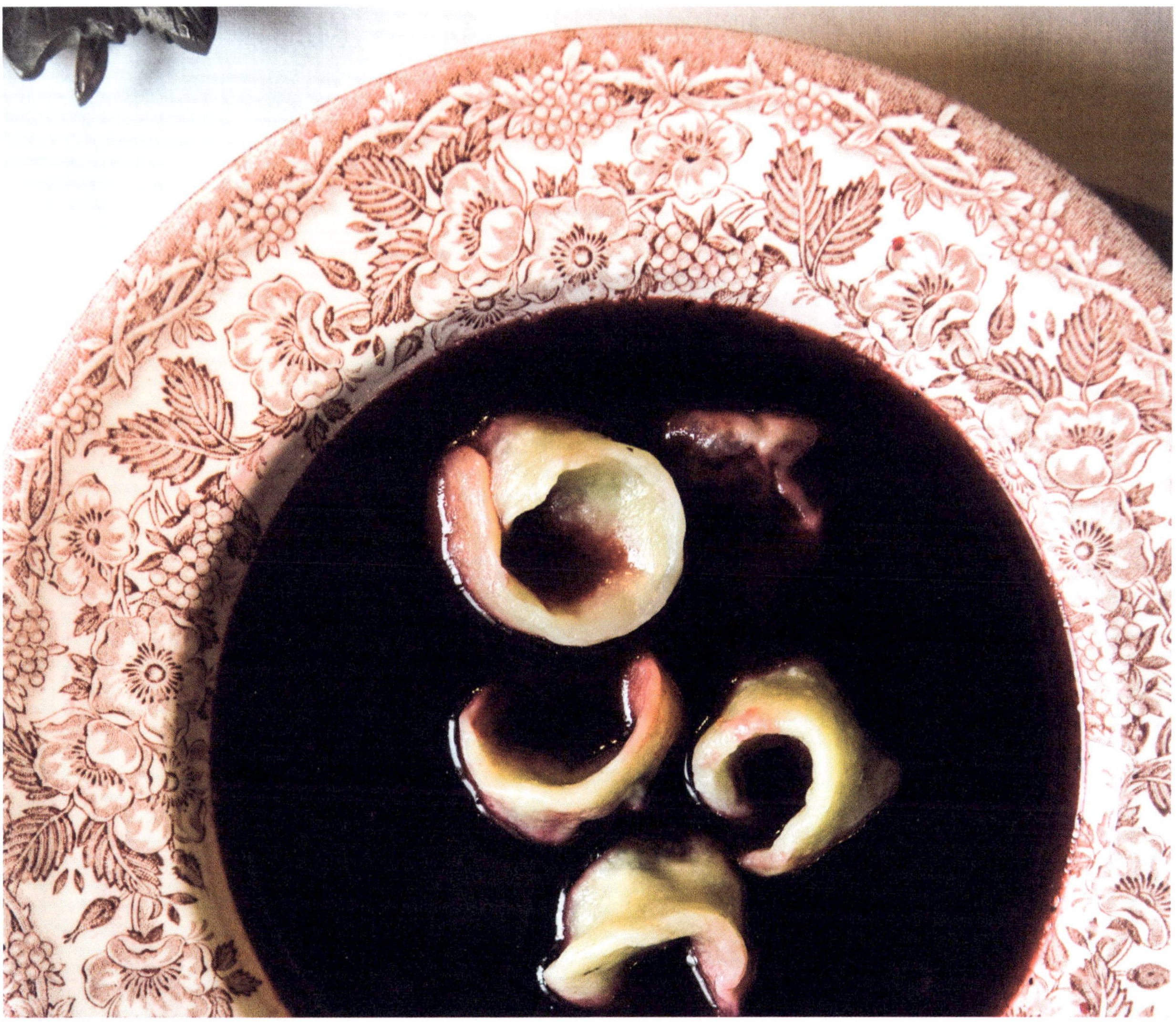

Klößchen
mit Pilz-Senf-Sauce

KOPYTKA W SOSIE GRZYBOWYM Z MUSZTARDĄ

Kopytka bedeutet »kleine Hufe«, aber ich finde, diese kleinen Kartoffelklößchen sehen eher wie Diamanten aus. *Kopytka* sind polnische Gnocchi und etwas rustikaler als die italienische Variante. Das Geheimnis guter *kopytka* ist, die Kartoffeln ungeschält zu kochen, sodass sie nicht zu viel Wasser aufnehmen und man anschließend weniger Mehl benötigt, was weichere, zartere Klößchen ergibt. Probiere einfach selbst aus, ob du mehr oder weniger Mehl zugeben musst, damit ein weicher Teig entsteht, der nicht zu sehr klebt. Du kannst sie mit Butter und Kräutern servieren oder mit einer erdig-würzigen Pilzsauce, die mit Wodka und Senf aufgepeppt wird. Bestes Comfort Food ever!

ERGIBT: 4 Portionen / **ZUBEREITUNG:** 10 Minuten / **KOCHZEIT:** 1 Stunde

FÜR DIE KLÖSSCHEN

450 g kleine vorwiegend festkochende Kartoffeln

1 großes Ei

130 g Weizenmehl plus mehr zum Bestäuben

Salz

FÜR DIE SAUCE

3 EL Butter (45 g)

300 g frische Pilze, bevorzugt Steinpilze oder Champignons, in Viertel geschnitten

60 ml Bisongras-Wodka oder ein anderer Wodka mit Kräuternote

220 g Sahne

2 EL körniger Senf

1 TL Honig

Salz, frisch gemahlener schwarzer Pfeffer

Petersilie, gehackt

1. **Für die Klößchen** die ungeschälten Kartoffeln in einem großen Topf mit kochendem Wasser 30–40 Minuten bei mittlerer bis hoher Temperatur garen, bis sie sich mit einer Gabel mühelos einstechen lassen. Abgießen und abkühlen lassen. Sobald sie so weit abgekühlt sind, dass man sie anfassen kann, schälen und mit einem Kartoffelstampfer zerdrücken. Abkühlen lassen.

2. Das kalte Püree in eine große Schüssel füllen. Zuerst das Ei, dann das Mehl und 1 TL Salz unterrühren. Den Teig auf die bemehlte Arbeitsfläche geben und etwa 2 Minuten behutsam kneten, bis er geschmeidig, jedoch keinesfalls elastisch ist. Nicht zu lange bearbeiten, da er sonst zäh wird.

3. Den Teig in vier gleiche Portionen teilen. Jede Portion zu einem etwa 1,5 cm dicken und 50 cm langen Strang rollen. Immer nur einen Strang auf einmal bearbeiten: den Teig schräg in 1,5 cm große Stücke schneiden, bei Bedarf mit mehr Mehl bestäuben.

4. Einen großen Topf mit gesalzenem Wasser zum Kochen bringen. Die Klößchen portionsweise ins kochende Wasser gleiten lassen und etwa 2 Minuten garen, bis sie an die Oberfläche steigen. Mit einem Schaumlöffel herausheben und zum Abtropfen in ein Sieb geben. Fortfahren, bis alle *kopytka* gegart sind. Etwa 250 ml von der Garflüssigkeit aufbewahren.

5. **Für die Sauce** in einer großen Pfanne die Butter bei mittlerer bis hoher Temperatur erhitzen. Die Pilze hineingeben und etwa 7 Minuten anbraten, bis sie weich und goldbraun gefärbt sind. Den Wodka zugießen und etwa 30 Sekunden unterrühren, bis er verdampft ist. Sahne, Senf und Honig hinzufügen und unterrühren. Ohne Deckel etwa 2 Minuten einköcheln lassen.

6. Die gekochten Klößchen und die Hälfte der aufbewahrten Garflüssigkeit zur Pilzsauce in die Pfanne geben. Bei mittlerer Temperatur in der Pfanne schwenken, bis die *kopytka* erwärmt und mit Sauce überzogen sind. Salzen, pfeffern, mit der Petersilie bestreuen und servieren.

Desserts & Kuchen

Desery i ciastka

Ich gebe es zu: Dies ist mein Lieblingskapitel. Ich bin der größte Süßschnabel überhaupt und besitze einen zweiten Magen für Desserts – und polnische Desserts und Kuchen sind absolut großartig! Wir beginnen mit traditionellem polnischem Käsekuchen (S. 186), da es keinen Ort auf der Welt gibt, wo Käsekuchen so gut schmecken wie am Fluss Wisła (Weichsel). Außerdem beinhaltet dieses Kapitel glasierte Krapfen mit Rosenblütenmarmelade (S. 196). Überhaupt ist die Auswahl riesig – ich kann mich nie entscheiden, was ich backen soll. Und ich kann wirklich jederzeit und pausenlos backen.

Aus meiner Leidenschaft für Süßes ergab sich sogar mal ein Job. Als Teenager arbeitete ich als Konditor in einer Bäckerei in meiner Heimatstadt. Ich erinnere mich noch gut daran, wie aufgeregt ich am Tag vor dem Vorstellungsgespräch war. Ich konnte nicht schlafen und fragte mich immerzu, was sie mich wohl backen lassen würden. Vielleicht einfache Kekse oder gar eine anspruchsvolle Torte mit vielen Schichten? Am nächsten Morgen stand ich vor der Tür der kleinen schnuckeligen Bäckerei in einem Vorort meiner Heimatstadt Rzeszów. Mit zerzausten Haaren, offenem Schnürsenkel und noch völlig außer Atem von meiner langen Anfahrt mit dem Fahrrad. Drei ältere Damen mit runden sympathischen Gesichtern empfingen mich mit durchdringendem und äußerst skeptischem Blick. Eine der Damen fragte mich höflich, ob ich Michał sei und ob ich hier sei, um mit ihnen zu arbeiten. »Ja, das bin ich«, antwortete ich schnell. Eine andere erwiderte seufzend: »Du bist klein. Gerade mal ein Drittel so groß wie ich.« Und dann bat sie mich, einen Käsekuchen zu backen. Einen gewaltigen Käsekuchen aus 11 Pfund *twaróg*, 40 Eiern und einer Tonne Rosinen, die in Unmengen von Rum eingelegt waren. Ich trennte die Eier in Eiweiße und Eigelbe – in ständiger Angst, es könne aus Versehen ein ganzes Ei in den Eiweißen landen und diese würden sich dann nicht mehr zu steifem Eischnee aufschlagen lassen. Aber ich hatte Glück und alles ging gut: Der Käsekuchen wurde perfekt. Meine neuen Kolleginnen lobten seine lockere, fluffige Konsistenz – und stellten mich umgehend ein.

Traditioneller polnischer Käsekuchen

SERNIK

Kein Dessert ist typischer für Polen als der *sernik*, der bei jeder Familienfeier inklusive Weihnachten dabei sein muss. Als Kind hasste ich ihn. Traditionell enthält ein *sernik* nämlich Rosinen, in meinen Augen das schlimmste Nahrungsmittel überhaupt. Als ich schließlich einmal eine Version ohne Rosinen probierte, war es sofort um mich geschehen. Zwischen einem New York Cheesecake auf Frischkäsebasis und einem *sernik* auf *twaróg*-Basis besteht ein himmelweiter Unterschied. Der Cheesecake ist gehaltvoll und von dichter, cremiger Konsistenz, während der *sernik* eine leichtere Textur besitzt, angenehm fluffig ist und mit einem feinen Gleichgewicht aus säuerlich und süß punktet. Nun kannst du beide ausprobieren und selbst entscheiden, welcher dein Favorit wird.

ERGIBT: 12 Portionen / **ZUBEREITUNG:** 20 Minuten / **BACKZEIT:** 2 Stunden

FÜR DEN TEIG

160 g Weizenmehl

75 g Zucker

1 kräftige Prise grobkörniges Salz

115 g Butter, in Stücke geschnitten

FÜR DIE FÜLLUNG

170 g Butter

150 g Puderzucker plus mehr zum Servieren

2 Vanilleschoten, längs aufgeschnitten, oder 1 EL Vanilleextrakt

5 große Eier, getrennt

750 g Quark (20–40 % Fett) oder twaróg *(S. 50) oder 500 g Ricotta und 250 g Quark*

160 g Sahne

3 EL Speisestärke

Tipp: Falls dein *sernik* Risse bekommt, keine Panik. Das passiert. Du kannst ihn mit vielen frischen Beeren belegen, was sogar noch mal besser schmeckt.

1. **Für den Teig** Mehl, Zucker und Salz vermischen. Butter zugeben und von Hand oder mit einem Handrührer zu einem glatten Teig verarbeiten. Den Teig in eine Springform mit 23 cm Durchmesser geben. Mit der Unterseite eines Glases fest in die Form drücken. Mindestens 30 Minuten im Kühlschrank kalt stellen, bis der Teig fest geworden ist.
2. Inzwischen den Backofen auf 180 °C vorheizen.
3. Im Ofen 15–20 Minuten backen, bis der Teig appetitlich duftet und an den Rändern zu bräunen beginnt. Die Backform auf einen Gitterrost stellen und abkühlen lassen. Den Ofen nicht ausschalten.
4. **Für die Füllung** die Butter mit dem Handrührer etwa 40 Sekunden auf mittlerer Stufe glatt rühren. Den Zucker zugeben und etwa 5 Minuten auf mittlerer bis hoher Stufe aufschlagen, bis eine deutlich hellere und sehr lockere Masse entstanden ist. Das ausgekratzte Vanillemark oder den Vanilleextrakt hinzufügen. Auf mittlerer Stufe nacheinander die Eigelbe einzeln zugeben, nachdem das vorige Eigelb untergerührt ist. Quark, Sahne und Speisestärke hinzufügen und unterrühren, bis eine glatte Masse entstanden ist.

5. In einer weiteren sauberen Schüssel die Eiweiße steif schlagen. Unter die Quarkmasse heben.

6. Die Füllung auf den abgekühlten Teig geben. In den Ofen stellen und die Temperatur auf 160 °C senken. Etwa 1 Stunde backen, bis die Käsekuchenmasse am Rand gestockt, in der Mitte jedoch noch relativ wabbelig ist und die Oberfläche einen hellen Goldton angenommen hat. Den Backofen ausschalten und den Kuchen bei leicht geöffneter Ofentür 30 Minuten im Ofen abkühlen lassen. Den Kuchen in der Form auf einem Gitterrost vollständig abkühlen lassen. Mit Puderzucker bestäuben und bei Zimmertemperatur servieren.

Hörnchen
mit Rosenblütenmarmelade

DROŻDŻOWE ROGALIKI Z KONFITURĄ RÓŻANĄ

Ich habe eine besondere Schwäche für alles Süße, während mein Bruder das genaue Gegenteil von mir ist. Er hasst Kuchen, Kekse und Gebäck jeder Art, mit einer einzigen Ausnahme: die weichen, mit Rosenblütenmarmelade gefüllten Hefehörnchen *rogaliki*. Wenn ich für irgendetwas seine Hilfe brauche, verspreche ich ihm eine Ladung *rogaliki* und er steht auf der Matte. *Rogaliki* sind eine Adaption der jüdischen *rogalach*. Diese bestehen aus einem Frischkäseteig, der sie herrlich blättrig macht. In polnischen Bäckereien werden sie mit Hefeteig zubereitet und sind dann weich und leicht wie die Hörnchen in diesem Rezept.

ERGIBT: 16 Stück / **ZUBEREITUNG:** 30 Minuten / **GEHZEIT:** 1 Stunde / **BACKZEIT:** 15 Minuten

220 g Weizenmehl

1 Päckchen Trockenhefe (7 g)

3 EL Zucker

1 TL abgeriebene Schale von einer Bio-Zitrone

1 kräftige Prise Salz

60 ml Milch, leicht erwärmt

60 g Butter, geschmolzen

2 EL Sauerrahm

1 großes Ei, leicht verquirlt

150 g Rosenblütenmarmelade

1 Eigelb

1 EL Milch

Puderzucker

1. **Für den Teig** das Mehl mit Hefe, Zucker, Zitronenschale und Salz in eine Rührschüssel geben. Lauwarme Milch, Butter, Sauerrahm und Ei hinzufügen. Mit Knethaken auf mittlerer Stufe etwa 1 Minute verkneten, bis sich die Zutaten gerade eben miteinander verbunden haben. Auf mittlerer bis hoher Stufe etwa 6 Minuten weiterkneten, bis ein seidig weicher Teig entstanden ist. Mit Frischhaltefolie abdecken und an einem warmen Ort 40–60 Minuten gehen lassen, bis sich das Volumen verdreifacht hat.

2. Ein Backblech mit Backpapier auslegen. Die Arbeitsfläche leicht bemehlen und den Teig darauflegen. Den Teig ebenfalls mit etwas Mehl bestäuben und zweimal über die gesamte Teigfläche zusammenfalten. Den Teig in zwei Portionen teilen, diese nacheinander bearbeiten. Die eine Teigportion zu einem Kreis mit 25 cm Durchmesser ausrollen. Den Kreis in acht »Tortenstücke« schneiden. Auf jedes Tortenstück entlang der äußeren Rundung 1 TL Rosenblütenmarmelade platzieren. Während die Spitze am gegenüberliegenden Ende auf der Arbeitsfläche liegen bleibt, den äußeren Rand über die Füllung in Richtung der Spitze zu einem festen Hörnchen aufrollen. Auf das Backblech legen, die restlichen Teigstücke und Konfitüre auf dieselbe Weise zu Hörnchen verarbeiten.

bitte umblättern …

3. In einer kleinen Schüssel das Eigelb mit der Milch verrühren. Die *rogaliki* behutsam damit bestreichen. Reste in den Kühlschrank stellen. Die *rogaliki* 20–30 Minuten ruhen lassen, bis sie schön aufgegangen sind.

4. In der Zwischenzeit den Backofen auf 180 °C vorheizen.

5. Die *rogaliki* nochmals mit der Eistreiche einpinseln, dann 15–20 Minuten backen, bis sie sich appetitlich goldbraun gefärbt haben. Mit dem Puderzucker bestäuben. Vor dem Servieren abkühlen lassen. In Plastikbeutel verpackt bei Zimmertemperatur aufbewahren.

   Tipp: Rosenblütenmarmelade ist die typisch polnische Füllung für *rogaliki*, du kannst jedoch auch deine Lieblingsmarmelade oder einen anderen süßen Aufstrich verwenden.

Käsekuchen
mit Schichtkäse und Cranberrys

ŻURAWINOWY SERNIK NA SERKACH WIEJSKICH

Während meiner Arbeit an diesem Kochbuch habe ich mir viele Gedanken gemacht, wie ich meine Rezepte mit *twaróg* möglichst authentisch, aber auch für Leser:innen umsetzbar halten könnte, die keinen Zugang zu polnischen Produkten haben. Ich probierte unzählige Varianten von Weißkäse aus (S. 13). Ein guter Ersatz bei Käsekuchen ist Schichtkäse, auch erhältlich als »handgeschöpfter Topfen« oder »Bröseltopfen«. *Sernik* (traditioneller polnischer Käsekuchen) ist wirklich einzigartig, aber dieser Käsekuchen ist ebenfalls köstlich. Er besitzt ein milchigeres, feines Aroma, aber dennoch eine säuerliche Note.

ERGIBT: 12 Portionen / ZUBEREITUNG: 30 Minuten / BACKZEIT: 45 Minuten / KÜHLZEIT: 2 Stunden

FÜR DEN TEIG

160 g Weizenmehl

75 g Zucker

1 kräftige Prise grobkörniges Salz

115 g Butter, in Stücke geschnitten

FÜR DIE FÜLLUNG

620 g Schichtkäse oder Quark, ausgepresst

60 g Sahne

115 g zimmerwarme Butter

120 g Puderzucker

5 große Eier, getrennt

2 EL abgeriebene Orangenschale (von 2 mittelgroßen Bio-Orangen)

1 EL Speisestärke

FÜR DAS TOPPING

360 g frische oder gefrorene und aufgetaute Cranberrys

150 g Zucker

Saft von 1 Orange

1. **Für den Teig** Mehl, Zucker und Salz vermischen. Die Butter zugeben und von Hand oder mit einem Handrührer zu einem glatten Teig verarbeiten. Den Teig in eine Springform mit 23 cm Durchmesser geben. Mindestens 30 Minuten im Kühlschrank kalt stellen, bis der Teig fest geworden ist. Inzwischen den Backofen auf 180 °C vorheizen.

2. Im Ofen 15–20 Minuten backen, bis der Teig an den Rändern zu bräunen beginnt. Die Backform auf einen Gitterrost stellen und abkühlen lassen. Den Ofen nicht ausschalten.

3. **Für die Füllung** den Schichtkäse und die Sahne mit dem Pürierstab zu einer homogenen Creme verarbeiten. Die Butter in einer Rührschüssel etwa 40 Sekunden mit dem Handrührgerät auf mittlerer Stufe glatt rühren. Den Puderzucker hinzufügen und etwa 5 Minuten auf mittlerer bis hoher Stufe sehr fluffig aufschlagen. Dann einzeln die Eigelbe zugeben, dabei weiter auf mittlerer Stufe aufschlagen. Schichtkäsecreme, Orangenschale und Speisestärke hinzufügen und glatt rühren.

4. Inzwischen in einer weiteren sauberen Schüssel die Eiweiße steif schlagen und sehr behutsam unter die Füllung heben.

5. Die Füllung auf den abgekühlten Teig geben. In den Ofen stellen und die Temperatur sofort auf 160 °C senken. Etwa 45 Minuten backen, bis die Käsekuchenmasse am Rand gestockt, in der Mitte jedoch noch relativ wabbelig ist und die

Oberfläche einen hellen Goldton angenommen hat. Den Backofen ausschalten und den Kuchen bei leicht geöffneter Ofentür 30 Minuten im Ofen abkühlen lassen. Den Kuchen in der Form auf einem Gitterrost vollständig abkühlen lassen.

6. **Für das Topping** Cranberrys, Zucker und Orangensaft in einem mittelgroßen Topf bei mittlerer bis hoher Temperatur zum Kochen bringen. Dann die Temperatur senken und 6–8 Minuten simmern, bis die Cranberrys fast aufplatzen. Abkühlen lassen. Die Cranberrysauce auf dem abgekühlten Käsekuchen verteilen. Mindestens 2 Stunden kalt stellen, bis er fest geworden ist.

Tipp: Damit sich der Kuchen besser und ohne größere Schweinerei in Stücke schneiden lässt, das Messer vor jedem Schneiden in heißes Wasser tauchen und abwischen.

Buttermilch-Hefekuchen
mit Beeren und Streuseln

CIASTO DROŻDŻOWE NA MAŚLANCE Z OWOCAMI I KRUSZONKĄ

Nichts lässt sich vergleichen mit dem herrlichen Duft von Hefekuchen, der gerade im Ofen backt. Meine Mutter sagt immer, der Duft verwandele das ganze Haus in ein Paradies. Sie liebt süßes Hefegebäck über alles, deshalb backe ich – als guter Sohn, der ich nun mal bin – regelmäßig diesen Kuchen für sie. Meine Variante besteht aus einem reichhaltigen Buttermilchteig, den ich mit dem frischen Geschmack von Beeren und dem Crunch von buttrigen Streuseln kombiniere. Etwas Honig oder ein bisschen Puderzucker darüber – und dieser himmlische, fluffige Kuchen ist schneller verschwunden, als es einem lieb ist …

ERGIBT: 16 Portionen / ZUBEREITUNG: 20 Minuten / GEHZEIT: 2½ Stunden / BACKZEIT: 40 Minuten

FÜR DEN TEIG

520 g Weizenmehl

100 g Zucker

2 Päckchen Trockenhefe (insgesamt 14 g)

½ TL grobkörniges Salz

2 große Eier, leicht verquirlt

250 ml Buttermilch

175 g Butter, geschmolzen, plus mehr zum Einfetten

Sonnenblumenöl

230 g Beeren oder Steinobst, entsteint und in Scheiben geschnitten (ich mag eine Mischung aus Pfirsich, Nektarine und Zwetschge)

FÜR DIE STREUSEL

160 g Weizenmehl

75 g Zucker

75 g kalte Butter, in Würfel geschnitten

Tipp: Bei Zimmertemperatur in Frischhaltefolie gewickelt aufbewahren.

1. **Für den Teig** Mehl, Zucker, Hefe und Salz in eine Rührschüssel geben. Eier, Buttermilch und Butter hinzufügen. Etwa 1 Minute auf mittlerer Stufe verkneten, bis sich alle Zutaten verbunden haben. Auf mittlerer bis hoher Stufe 10–15 Minuten kneten, bis ein seidig weicher Teig entstanden ist.

2. Den Teig in eine eingeölte Schüssel legen. Mit Folie abdecken und 1½–2 Stunden an einem warmen Ort ruhen lassen, bis sich sein Volumen verdreifacht hat. Der Teig ist fertig aufgegangen, wenn man eine Delle hineindrückt und sie bestehen bleibt.

3. **Für die Streusel** Mehl und Zucker vermischen. Die Butter hinzufügen und alles mit den Fingerspitzen verreiben, bis die Mischung die Konsistenz von Semmelbröseln hat. Mindestens 30 Minuten im Kühlschrank kühlen, bis die Streusel fest sind.

4. Eine 23 × 33 cm große Backform mit wenig Butter einfetten und mit Backpapier auskleiden. Den Teig in die Form füllen, die Oberfläche von Hand glätten und mit den Beeren bestreuen. Die Form mit Folie abdecken und etwa 40 Minuten bei Zimmertemperatur gehen lassen, bis sich das Teigvolumen verdoppelt hat.

5. Inzwischen den Backofen auf 180 °C vorheizen.

6. Den Kuchen mit den Streuseln bestreuen. Etwa 40 Minuten backen, bis ein mittig eingestochenes Holzstäbchen sauber wieder herauskommt und die Oberfläche einen goldenen Farbton angenommen hat. Vor dem Servieren abkühlen lassen.

Glasierte Krapfen
mit Rosenblütenmarmelade

PĄCZKI Z KONFITURĄ RÓŻANĄ I CYTRYNOWYM LUKREM

In Polen ist der Genuss von *pączki* (Krapfen, Berliner) Teil einer lebendigen Tradition. Wir essen *pączki* seit dem Mittelalter, ihnen ist sogar ein eigener Feiertag gewidmet, der Fettige Donnerstag, in manchen deutschsprachigen Regionen bekannt als Schmutziger Donnerstag (»schmutzig« bedeutet im alemannischen Dialekt »fettig«). Ein perfekter *pączek* sollte noch warm und fluffig sein, gut frittiert und mit einem hellen Ring um die Mitte. Die Glasur sollte glänzen und an den Fingern kleben. Was die Füllung betrifft, bin ich kein Purist. Ich finde, es ist einfacher, ein *pączek* nach dem Frittieren zu füllen, was ich gern mit viel Rosenblütenmarmelade tue.

ERGIBT: 14 Stück / **ZUBEREITUNG:** 40 Minuten / **GEHZEIT:** 1½–2 Stunden / **FRITTIEREN:** 15 Minuten

FÜR DEN TEIG

450 g Weizenmehl plus mehr zum Formen

2 Päckchen Trockenhefe (insgesamt 14 g)

70 g Zucker

½ TL Salz

180 ml Milch, leicht erwärmt

60 g Butter, geschmolzen

2 große Eier

1 Eigelb

3 EL brauner Rum

Pflanzenöl

FÜR DIE FÜLLUNG UND ZUM FERTIGSTELLEN

450 g Rosenblütenmarmelade

60 ml Zitronensaft, frisch gepresst (aus etwa 2 Zitronen)

250 g Puderzucker

3 EL getrocknete Rosenblütenblätter

1. Mehl, Hefe, Zucker und Salz in einer Rührschüssel vermischen. Lauwarme Milch, Butter, Eier, Eigelb und Rum hinzufügen. Etwa 1 Minute auf mittlerer Stufe verkneten, bis sich alle Zutaten verbunden haben. Auf mittlerer bis hoher Stufe etwa 6 Minuten kneten, bis ein seidig weicher Teig entstanden ist. Mit Folie abdecken und 1½–2 Stunden bei Zimmertemperatur ruhen lassen.

2. Den Teig auf die bemehlte Arbeitsfläche geben. In 14 Portionen à 70 g teilen, diese zu Kugeln formen. Mit Abstand auf zwei bemehlte Backbleche legen. Mit einem Geschirrtuch abdecken und etwa 30 Minuten bei Zimmertemperatur gehen lassen.

3. Etwa 15 Minuten vor Ende der Gehzeit das Öl 10 cm hoch in einen Topf mit schwerem Boden oder einen Dutch Oven füllen und bei mittlerer Temperatur auf 175 °C erhitzen. Einen Teller mit Küchenpapier belegen. Die *pączki* portionsweise 1–2 Minuten pro Seite goldbraun frittieren. Auf den Teller legen und kurz abkühlen lassen.

4. Die Konfitüre in einen Spritzbeutel füllen (Tülle 6–12 mm). Die *pączki* können von oben oder von der Seite her gefüllt werden. Die Tülle bis zur Hälfte hineinstecken und die Konfitüre sanft hineindrücken, bis sie in der Einstichstelle sichtbar wird. Alle *pączki* füllen.

5. Für die Glasur in einem kleinen Topf den Zitronensaft bei niedriger Temperatur erwärmen. Vom Herd nehmen und den Puderzucker sorgfältig unterrühren. Die *pączki* mit der Glasur beträufeln, mit den Rosenblütenblättern bestreuen und sofort servieren.

Himmelskuchen

NIEBO W GĘBIE

Egal, wie viele moderne, besondere oder köstliche Kuchen bei meiner Großmutter Zosia auf dem Tisch stehen, dieser altmodische Kuchen hat immer die meisten Fans. Meine Großmutter kann mir nicht einmal das Rezept sagen, weil sie es nicht weiß – sie macht alles intuitiv. Für diesen Kuchen steht man eine ganze Weile in der Küche, er besteht nämlich aus fünf Schichten (die Schokoglasur zählt auch mit). Aber Geduld zahlt sich aus! Säuerliches Apfelkompott wird mithilfe von Agar-Agar zwischen zwei Lagen Mürbeteig geschichtet, gefolgt von zartschmelzender Walnussbuttercreme. Zum Schluss wird alles mit einer zartbitteren Schokoladenganache überzogen. Ich kann nie nach nur einem Stück aufhören.

ERGIBT: 18 Portionen / ZUBEREITUNG: 40 Minuten / KÜHLZEIT: 4½–5½ Stunden
BACKZEIT: 30 Minuten / KOCHZEIT: 1½ Stunden

FÜR DEN TEIG

390 g Weizenmehl

100 g Puderzucker

1 kräftige Prise Salz

280 g kalte Butter, in Würfel geschnitten

3 Eigelb

FÜR DIE APFELSCHICHT

1,3 kg Äpfel der Sorte Granny Smith, geschält, vom Kerngehäuse befreit und in 1 cm große Würfel geschnitten

3 EL frisch gepresster Zitronensaft

3 EL Agar-Agar, 5 Minuten in 60 ml Wasser gekocht

1 EL abgeriebene Zitronenschale

FÜR DIE WALNUSSBUTTERCREME

250 ml Milch

250 g Walnusskerne, fein gemahlen

1 kräftige Prise Salz

230 g zimmerwarme Butter

120 g Puderzucker

3 EL brauner Rum

FÜR DIE GANACHE

120 g Sahne

100 g Zartbitterschokolade, klein gehackt

1. **Für den Teig** Mehl, Zucker und Salz vermischen. Die Butter hinzufügen und mit den Fingerspitzen einarbeiten, bis die Mischung etwa die Konsistenz von Semmelbröseln besitzt. Die Eigelbe zugeben und mit einer Gabel untermischen, bis sich feuchte Klümpchen bilden. Den Teig zu zwei gleich großen Kugeln zusammenfassen, dann beide zu einem flachen Taler zusammendrücken. In Frischhaltefolie wickeln, dann mindestens 30 Minuten in den Kühlschrank stellen, bis der Teig fest geworden ist.
2. Einen der Teigtaler auf leicht bemehltem Backpapier zu einem 23 × 33 cm großen Rechteck ausrollen. Mit dem Backpapier in eine Backform derselben Größe heben. Etwa 30 Minuten kalt stellen, bis der Teig fest geworden ist.
3. Inzwischen den Backofen auf 190 °C vorheizen.
4. Etwa 15 Minuten backen, bis der Teig goldbraun gefärbt ist. Mit dem Backpapier auf einen Gitterrost heben und abkühlen lassen. Den zweiten Teigtaler auf dieselbe Weise ausrollen, kühlen und backen.

bitte umblättern …

5. **Die Apfelfüllung herstellen,** während die Teigschichten gebacken werden und abkühlen. Dazu die Äpfel mit dem Zitronensaft in einen großen Topf geben und köcheln, bis sie weich sind und zu Kompott zu zerfallen beginnen. Vom Herd nehmen. Agar-Agar und Zitronenschale unterrühren. Vollständig abkühlen lassen.

6. **Für die Walnussbuttercreme** die Milch in einem mittelgroßen Topf zum Kochen bringen. Die gemahlenen Walnüsse und das Salz hineingeben und 3–4 Minuten kochen, bis die Mischung eindickt. Vollständig abkühlen lassen.

7. Die Butter mit dem Zucker 2–3 Minuten aufschlagen, bis sie heller und luftiger geworden ist. Unter ständigem Rühren esslöffelweise die Walnussmasse hinzufügen, bis sich beide Mischungen miteinander verbunden haben. Den Rum zugeben.

8. Einen der beiden Mürbeteige zurück in die Backform legen. Die Apfelmischung darauf verteilen, dann mit dem zweiten Mürbeteig bedecken. Darauf die Walnussbuttercreme streichen. Mindestens 2–3 Stunden in den Kühlschrank stellen.

9. **Für die Ganache** die Sahne in einem mittelgroßen Topf zum Kochen bringen. Vom Herd nehmen, leicht abkühlen lassen. Die Schokolade hinzufügen und unterrühren, bis eine glatte Masse entstanden ist. Den Kuchen damit überziehen. Etwa 1 Stunde kalt stellen.

10. Etwa 30 Minuten vor dem Servieren den Kuchen aus dem Kühlschrank nehmen, damit er etwas weicher wird. In Frischhaltefolie verpackt hält er sich 3 Tage im Kühlschrank.

Rosen-Mandel-Kuchen vom Blech

RÓŻANY MAZUREK Z MIGDAŁAMI

Mazurek bezeichnet einen Volkstanz (auf Deutsch als Mazurka bekannt), eine wunderschöne Seenlandschaft und ein flaches Mürbeteiggebäck mit einer Schicht aus Schokolade oder der Karamellcreme Kajmak, das häufig zu Ostern gebacken wird. In diesem Rezept – eine köstliche Variante der alten Tradition – wird eine Creme aus Mascarpone und Rosenblütenmarmelade verwendet und der Teig wird mit Mandeln gesüßt. Jeder Bissen schmeckt himmlisch, die florale Note ist atemberaubend.

ERGIBT: 15 Portionen / **ZUBEREITUNG:** 20 Minuten / **KÜHLZEIT:** 1½ Stunden / **BACKZEIT:** 25 Minuten

FÜR DEN TEIG

200 g Weizenmehl

40 g gemahlene Mandeln

2 EL Speisestärke

3 EL Puderzucker

1 kräftige Prise Salz

150 g kalte Butter, in Würfel geschnitten

2 Eigelb

FÜR DEN BELAG UND ZUM FERTIGSTELLEN

150 g Rosenblütenmarmelade

230 g Mascarpone

150 g Himbeermarmelade

70 g Mandelblättchen

3 EL getrocknete Rosenblütenblätter und einige ungespritzte frische Rosenblütenblätter zum Servieren (optional)

Tipp: Die Rosenblütenmarmelade ist hier wirklich unverzichtbar. Du bekommst sie in gut sortierten Feinkostgeschäften oder online.

1. **Für den Mürbeteig** Mehl, Mandeln, Speisestärke, Puderzucker und Salz in einer mittelgroßen Schüssel vermischen. Die Butterwürfel hinzufügen und durchschwenken, bis sie von der Mehlmischung überzogen sind. Mit den Fingerspitzen unter die Mehlmischung reiben, bis sie fast verschwunden ist. Die Eigelbe zugeben und mit einer Gabel untermischen, bis sich feuchte Klümpchen bilden. Den Teig zu einer Kugel zusammenfassen, dann zu einem Taler flach drücken. In Folie wickeln und 1 Stunde in den Kühlschrank legen, bis er fest ist.

2. Den Teigtaler auf leicht bemehltem Backpapier zu einem 23 × 33 cm großen Rechteck ausrollen. Mit dem Backpapier auf ein Backblech mit Rand heben. Mit einem scharfen Messer ringsum einen etwa 1,5 cm breiten Rand durch leichtes Einritzen markieren. Etwa 30 Minuten kalt stellen.

3. Den Backofen auf 190 °C vorheizen. Den Teig 20–25 Minuten goldbraun backen, dann auf ein Gitterrost legen.

4. Für den Belag die Rosenblütenmarmelade mit dem Mascarpone in eine Rührschüssel geben und 1–2 Minuten aufschlagen, bis sich die Zutaten zu einer fluffigen Masse verbunden haben.

5. Den gebackenen Teig mit der Himbeermarmelade bestreichen, den Rand frei lassen. Die Rosen-Mascarpone-Creme auf der Himbeermarmelade verteilen und mit den Mandelblättchen bestreuen. Nach Belieben den *mazurek* mit einer charmanten Blütenblätterdeko verzieren. In Frischhaltefolie verpackt hält sich der Kuchen im Kühlschrank 2 Tage.

Brandteigkuchen
mit Zitronen-Vanille-Creme und Knusperkruste

KARPATKA Z CYTRYNOWO-WANILIOWYM KREMEM I CHRUPIĄCĄ SKORUPKĄ

Ein altmodischer Kuchen, den alle lieben! Zuerst macht man zwei einfache Brandteigböden, die sich beim Backen dramatisch aufplustern, sodass sie dem polnischen Karpatenhochgebirge ähneln. Sie werden mit Buttercreme gefüllt, die ich gerne mit feiner Zitronenschale und Vanille aromatisiere. Brandteig wird mit der Zeit weich. Damit er länger knusprig bleibt, erhält der Kuchen ein Topping aus Zucker, Butter und Mehl, was ihm zusätzlich die Optik von Bergwäldern aus der Vogelperspektive verleiht. Schon in meiner Kindheit liebte ich *karpatka* so sehr, dass ich anstelle einer Geburtstagstorte immer *karpatka* wollte. Den Turm aus *karpatka*-Stücken fand ich großartig – ganz besonders die üppige Buttercremefüllung, die meine große Schwäche war. Und offensichtlich immer noch ist.

ERGIBT: 15 Portionen / **ZUBEREITUNG:** 2½ Stunden / **KÜHLZEIT:** 1½ Stunden / **BACKZEIT:** 30 Minuten

FÜR DIE KNUSPERKRUSTE

115 g Butter

100 g Zucker

130 g Weizenmehl

½ TL abgeriebene Schale von einer Bio-Zitrone

1 kräftige Prise Salz

FÜR DEN BRANDTEIG

130 g Weizenmehl

1 TL Backpulver

1 TL Zucker

1 kräftige Prise Salz

115 g Butter plus mehr zum Einfetten

5 große Eier

FÜR DIE BUTTERCREME

600 ml Milch

2 EL abgeriebene Schale von Bio-Zitronen

1 Vanilleschote, längs aufgeschnitten

3 Eigelbe

100 g Zucker

3 EL Speisestärke

1 EL frisch gepresster Zitronensaft

230 g Butter

1. **Für die Knusperkruste** in einer mittelgroßen Schüssel die Butter mit dem Zucker aufschlagen. Mehl, Zitronenschale und Salz zugeben. Die Masse zwischen zwei Bögen Backpapier legen und sehr dünn (ca. 2,5 mm) ausrollen. Mit Backpapier auf ein Backblech legen und etwa 30 Minuten in den Tiefkühler stellen, bis sie fest geworden ist.

2. Inzwischen den Backofen auf 200 °C vorheizen. Zwei 23 × 33 cm große Backformen mit Butter einfetten und mit Backpapier auskleiden.

3. **Für den Brandteig** Mehl, Backpulver, Zucker und Salz in einer kleinen Schüssel vermischen. In einem mittelgroßen Topf 240 ml Wasser mit der Butter zum Kochen bringen, ab und zu umrühren. Die Mehlmischung auf einmal hineinschütten und mit einem Holzlöffel erst vorsichtig vermischen, dann kräftig

aufschlagen, bis sich die Zutaten zu einer homogenen Masse verbunden haben. 1–2 Minuten auf dem Herd weiterrühren, bis ein Film den Topfboden überzieht. (Es ist wichtig, dass das Mehl ausreichend lange erhitzt und der Teig gut ausgetrocknet wird.) Vom Herd nehmen.

4. Den Teig in eine Rührschüssel geben und 1–2 Minuten durchrühren, bis er etwas abgekühlt ist. Die Eier einzeln zugeben. Es entsteht ein geschmeidiger, glänzender Teig.

5. Den Teig halbieren und jede Hälfte mit einem Teigspatel in die vorbereiteten Backformen streichen. Das gefrorene Topping vorsichtig auf eine der beiden Teigportionen legen. (Falls nötig, in Stücke brechen, um die gesamte Oberfläche bedecken zu können.) Die Backformen in den Ofen stellen und 25–30 Minuten backen, bis der Teig ungleichmäßig aufgegangen und kräftig goldbraun ist. Aus dem Ofen nehmen und abkühlen lassen.

6. **Für die Buttercreme** Milch und Zitronenschale in einen mittelgroßen Topf geben, dann das ausgekratzte Vanillemark und die Vanilleschote hinzufügen. Bei mittlerer Temperatur zum Simmern bringen, dann die Schote entfernen.

7. Inzwischen in einer mittelgroßen Schüssel Eigelbe und Zucker etwa 2 Minuten zu einer sehr hellen, fluffigen Masse aufschlagen. Die Speisestärke zugeben und aufschlagen, bis keine pulvrigen trockenen Stellen mehr zu sehen sind. Unter ständigem Schlagen eine Tasse heiße Zitronen-Vanille-Milch zur Eimischung gießen, dann alles zurück in den Topf geben. Bei mittlerer Temperatur unter ständigem Schlagen 2–3 Minuten köcheln, bis die Mischung so weit eingedickt ist, dass die Spuren des Schneebesens sichtbar bleiben. Vom Herd nehmen, den Zitronensaft unterrühren. Mit Folie abdecken und diese direkt auf die Oberfläche drücken. Vollständig abkühlen lassen.

7. Die Butter aufschlagen, bis sie heller geworden ist. Die Vanillecreme 30 Sekunden aufschlagen, dann esslöffelweise unter die Butter rühren, dabei die nächste Portion immer erst dann zugeben, wenn die vorherige vollständig untergerührt ist.

8. Die Buttercreme auf den Brandteigboden ohne Topping streichen. Den Brandteigboden mit Topping daraufsetzen, dann 1 Stunden kaltstellen, bis die Buttercreme fest wird. Mit Puderzucker bestäuben. Sofort servieren.

Tipp: *Karpatka* schmeckt frisch am besten, lässt sich aber 2 Tage abgedeckt und gekühlt aufbewahren.

Honigtorte
mit Trockenpflaumen und Sauerrahm

MIODOWNIK Z KREMEM Z KWAŚNEJ ŚMIETANY I SUSZONYMI ŚLIWKAMI

Eines Tages spazierten meine Freundin Zosia und ich durch die ukrainische Stadt Lwiw (Lemberg), als es plötzlich zu regnen begann. Wir fanden Unterschlupf in einem lebhaften Café und bestellten zwei Tassen Kaffee und ein Stück Honigtorte zum Teilen. Ich versenkte meine Gabel in alle sieben Schichten, die unter anderem aus glänzender Sauerrahmcreme und Trockenpflaumen bestanden – und bestellte sofort nach dem ersten Probieren ein zweites Stück. Eigentlich war mir die Torte recht einfach erschienen, doch diese paar Komponenten lösten bei jedem Bissen eine neue Welle aus säuerlichen, bittersüßen und angenehm honig-würzigen Noten aus. Ich musste unbedingt herausfinden, wie dieses Rezept funktionierte. So tüftelte ich dann viele Stunden in meiner Küche herum, doch mit jedem Misserfolg rückte ich der Perfektion in meiner Erinnerung ein Stück näher. Und da wären wir nun!

ERGIBT: 16 Portionen / **ZUBEREITUNG:** 40 Minuten / **KÜHLZEIT:** 12 Stunden / **BACKZEIT:** 10 Minuten

FÜR DEN HONIGTEIG

250 g Honig

280 g Butter

140 g Demerara- oder brauner Zucker

390 g Weizenmehl

1 TL gemahlener Zimt

2½ TL Backpulver

1 knapper TL Salz

4 große Eier, leicht verquirlt

FÜR DIE CREME

1½ EL Agar-Agar

900 g Sauerrahm

220 g Sahne

60 g Puderzucker plus mehr zu Bestäuben

300 g Trockenpflaumen, entsteint und zerkleinert

FÜR DEN SIRUP

85 g Honig

60 ml brauner Rum

1. Den Backofen auf 180 °C vorheizen. Zwei Backformen mit 23 cm Durchmesser mit Backpapier auslegen.

2. **Für den Honigteig** in einem mittelgroßen Topf den Honig mit Butter und Zucker schmelzen. Vom Herd nehmen und 15 Minuten beiseitestellen, bis die Mischung abgekühlt ist.

3. Das Mehl mit Zimt, Backpulver und Salz in eine große Schüssel geben. Die Eier unter die Honigmischung rühren, dann zur Mehlmischung gießen und unterschlagen, bis eine homogene Masse entstanden ist.

4. Den Teig auf die vorbereiteten Backformen verteilen. Im Ofen 30–40 Minuten backen, bis die Kuchen einen intensiv karamellfarbenen Ton annehmen und nach leichtem Fingerdruck keine Delle zurückbleibt. Ein in der Kuchenmitte eingestochenes Holzstäbchen sollte sauber wieder herauskommen. Kurz in den Formen abkühlen lassen, dann zum vollständigen Abkühlen auf Gitterroste stellen.

bitte umblättern …

5. Mit einem Messer mit Wellenschliff die Kuchen waagerecht in zwei Tortenböden schneiden, dabei lange, gleichmäßige Vor-und-Zurück-Bewegungen ausführen. Falls nötig, die beim Backen entstandene Wölbung gerade schneiden, um eine flache Oberfläche zu erhalten. Die abgeschnittenen Reste können zerkrümelt als Deko verwendet werden.

6. **Für die Creme** 3 EL kaltes Wasser in einen kleinen Topf geben und gleichmäßig mit dem Agar-Agar bestreuen. Etwa 10 Minuten kalt stellen, bis das Agar-Agar weich geworden ist. Bei mittlerer bis niedriger Temperatur etwa 1 Minute erwärmen, bis es sich auflöst, dabei häufig den Topf schwenken. Nun 2 EL Sauerrahm unterrühren.

7. Die Sahne auf mittlerer bis hoher Stufe aufschlagen, bis Spitzen stehen bleiben. Den Puderzucker und den restlichen Sauerrahm hinzufügen und 3 Minuten aufschlagen, bis sich alle Zutaten miteinander verbunden haben.

8. Die Agar-Agar-Mischung in die Sahnemischung schlagen. Die Trockenpflaumen zugeben und unterrühren. Für 30 Minuten in den Kühlschrank stellen, bis die Creme streichfest geworden ist.

9. **Für den Sirup** in einem Topf den Honig mit dem Rum bei mittlerer Temperatur erhitzen, dann abkühlen lassen.

10. Die Torte auf einem runden Tortenkarton oder einer Tortenplatte mit 25 cm Durchmesser fertigstellen. Dazu einen der Tortenböden mittig auf dem Tortenkarton platzieren, dann mit einem Löffel mit einem Viertel des Sirups beträufeln. Ein Viertel der Creme in die Mitte des Tortenbodens geben und mithilfe einer Winkelpalette gleichmäßig auf dem Tortenboden verstreichen, dabei ringsum einen 5 mm breiten Rand frei lassen. Den nächsten Tortenboden auf die Creme setzen, mit Sirup tränken und mit Creme bestreichen. Mit den restlichen Tortenböden, Sirup und Creme auf dieselbe Weise verfahren. Mit Frischhaltefolie abdecken und mindestens 12 Stunden kalt stellen. Vor dem Servieren mit Puderzucker bestäuben.

    Tipp: Im Kühlschrank bis zu 5 Tage aufbewahren. Die Torte wird mit jedem Tag besser.

Kakao-Chili-Kuchen
mit Schokocreme

CIASTO CZEKOLADOWE Z CHILI

Dieser Kakaokuchen, der nicht ein Gramm Schokolade enthält, ist ein Relikt aus vergangenen Zeiten, in denen eine Tafel Schokolade ein Luxus war, den man sich nicht erlauben konnte. Es handelt sich dabei nicht um einen cremig-feuchten, festen Brownie, sondern um einen saftigen Rührkuchen, perfekt zu einer Tasse Tee oder Kaffee am Nachmittag. Meine Mutter buk ihn früher für mich, wenn ich einen langen Schultag hatte. Sie bestäubte die warmen Kuchenstücke mit Puderzucker und ich verschlang begeistert eine ganze Menge davon. Heute peppe ich den Teig gern mit ein paar Chiliflocken auf. Außerdem überziehe ich den Kuchen mit einer Schokoladencreme.

ERGIBT: 8 Portionen / **ZUBEREITUNG:** 15 Minuten / **BACKZEIT:** 40 Minuten

FÜR DEN KUCHEN

Butter

230 g Weizenmehl plus mehr für die Backform

60 g ungesüßtes Kakaopulver

270 g Zucker

1¼ TL Backpulver

1 TL Salz

½ TL Chiliflocken (optional)

120 ml natives Olivenöl extra

1 TL Vanilleextrakt

2 zimmerwarme große Eier

FÜR DIE SCHOKOCREME

180 g Sahne

150 g gesüßte Kondensmilch

170 g dunkle Schokolade, klein gehackt

1 kräftige Prise Salz

60 g kalte Butter, in Würfel geschnitten

1. Den Backofen auf 180 °C vorheizen. Eine 26 × 12 cm große Kastenform mit wenig Butter einfetten und bemehlen.

2. **Für den Kuchen** in einer mittelgroßen Schüssel Kakaopulver mit Mehl, Zucker, Backpulver, Salz und Chiliflocken vermischen.

3. In einem kleinen Topf 350 ml Wasser zum Kochen bringen, Olivenöl und Vanille hinzufügen. Nach und nach unter die Kakaomischung rühren. Die Eier unterschlagen und zu einem homogenen, dünnflüssigen Teig aufschlagen.

4. Den Teig in die vorbereitete Kastenform füllen. Etwa 50 Minuten backen. Die Form auf einen Gitterrost stellen, 15 Minuten abkühlen lassen, dann auf den Gitterrost stürzen und vollständig abkühlen lassen.

5. **Für die Schokocreme** Sahne, Kondensmilch, Schokolade und Salz in einen mittelgroßen Topf geben. Bei niedriger Temperatur unter gelegentlichem Rühren erhitzen, bis die Mischung zu kochen beginnt. Vom Herd nehmen. Die gekühlten Butterwürfel zugeben und mit dem Pürierstab untermixen. Umfüllen und zum Festwerden in den Kühlschrank stellen.

6. Den Kuchen mit einem Teil der Schokocreme überziehen. Die Reste separat servieren und jeden Bissen damit bestreichen.

Tipp: In Frischhaltefolie hält sich der Kuchen gekühlt 3 Tage. Die Schokocreme hält sich abgedeckt 1 Woche im Kühlschrank.

Engelsflügel mit Kardamomzucker

FAWORKI Z KARDAMONOWYM CUKREM

Faworki sind wie knusprige, in Puderzucker gehüllte Luftpolster. Sie gehören für mich zu den liebsten Leckereien, die während Karneval in den Schaufenstern der Bäckereien auftauchen. In Polen werden sie wirklich nur in diesem kurzen Zeitraum gegessen, da sind die Leute ganz strikt – aber eigentlich gibt es doch keinen Grund, nicht ein paar *faworki* zu machen, wenn man gerade Lust drauf hat. Und noch einen Tick besser sind sie, wenn man sie auch mit Kardamomzucker bestreut.

ERGIBT: ca. 50 Stück / **ZUBEREITUNG:** 30 Minuten / **FRITTIEREN:** 20 Minuten

3 Eigelbe

50 g Puderzucker

3 EL Sauerrahm

1 TL Wodka

200 g Weizenmehl plus mehr zum Ausrollen

½ TL abgeriebene Schale von einer Bio-Zitrone

½ TL Backpulver

1 kräftige Prise Salz

1,5 l Pflanzenöl zum Frittieren

2 TL gemahlener Kardamom

1. In einer mittelgroßen Schüssel die Eigelbe mit 1 EL Puderzucker etwa 4 Minuten aufschlagen. Den Sauerrahm und den Wodka unterrühren. Das Mehl mit Zitronenschale, Backpulver und Salz in einer zweiten Schüssel vermischen, dann unter die Eimischung rühren. Etwa 2 Minuten aufschlagen, bis sich die Zutaten miteinander verbunden haben.

2. Die Arbeitsfläche bemehlen. Den Teig ausrollen, in der Hälfte falten und erneut ausrollen. Dreimal wiederholen. Den Teig in zwei Portionen teilen, eine davon mit Frischhaltefolie abdecken. Die nicht abgedeckte Portion sehr dünn (ca. 2 mm) ausrollen und in 5 cm breite Streifen schneiden. Diese quer in 12 cm lange Streifen schneiden. Die Mitte jedes Teigstreifens der Länge nach einschneiden, dann erst das eine und danach das andere Ende durch den Schlitz ziehen.

3. In einer großen Pfanne das Öl auf 180 °C erhitzen. Eine große Platte mit mehreren Lagen Küchenpapier belegen. Immer nur wenige Teiglinge auf einmal frittieren. Die Teiglinge 1–2 Minuten pro Seite frittieren, bis sie sich goldgelb gefärbt haben. Auf dem Küchenpapier abtropfen lassen.

4. Den restlichen Puderzucker (40 g) mit dem Kardamom vermischen. Die *faworki* damit bestäuben und sofort servieren.

Tipp: *Faworki* schmecken direkt nach dem Frittieren am besten, können jedoch einige Tage bei Zimmertemperatur lose mit einem Geschirrtuch oder mit Aluminiumfolie abgedeckt aufbewahrt werden.

Hefeküchlein mit Kirschlikör

BABY NA WIŚNIÓWCE

Diese beliebte beschwipste Spezialität – in Frankreich als *baba au rhum* und in Italien als *babà Napoletano al rum* bekannt – besteht aus kleinen briocheartigen Hefeküchlein, die in Alkohol schwimmen und ursprünglich polnischer Herkunft sind. Sie wurden im 18. Jahrhundert von Stanisław I., dem im Exil lebenden König Polens, in Frankreich eingeführt. Er hatte die Idee, *babka*, einen trockenen Hefekuchen, in etwas Wein zu tauchen, damit er beim Trinken auch etwas zu beißen hatte. Kurz darauf verbreiteten sie sich auf der ganzen Welt. In Neapel wird zum Tränken Limoncello verwendet, was mich darauf brachte, es auch einmal mit meinem Lieblingslikör, *wiśniówka*, einem polnischen Kirschlikör, zu versuchen. Dieses Rezept besitzt ein zartes Fruchtaroma mit nur einem Hauch von Alkohol und buttriger Leichtigkeit.

ERGIBT: 8 Stück / **ZUBEREITUNG:** 30 Minuten / **BACKZEIT:** 30–40 Minuten / **KÜHLZEIT:** 1–2 Stunden

FÜR DIE BABAS

320 g Weizenmehl plus mehr für die Backförmchen

1 Päckchen Trockenhefe (7 g)

50 g Zucker

1 kräftige Prise Salz

2 große Eier

95 ml Milch

115 g Butter, geschmolzen

Pflanzenöl oder Butter

1 Eigelb

FÜR DEN SIRUP

480 ml Kirschlikör, z. B. Soplica Wiśniowa

200 g Zucker

3 EL frisch gepresster Zitronensaft

ZUM SERVIEREN

Schlagsahne

eingemachte Kirschen

1. **Für die Babas** Mehl mit Hefe, Zucker und Salz in eine Rührschüssel geben. Eier, 80 ml Milch und geschmolzene Butter hinzufügen. Auf mittlerer bis hoher Stufe etwa 8 Minuten kneten, bis ein seidig weicher Teig entstanden ist. Mit einem Geschirrtuch abdecken. Etwa 1½ Stunden gehen lassen, bis sich sein Volumen verdoppelt hat. Auf Fingerdruck sollte der Teig sich fest und elastisch anfühlen.
2. Von einem großen Muffinblech, einer Popover- oder Pfitzaufform acht Vertiefungen einfetten und bemehlen. Den Teig in acht Portionen teilen (à etwa 70 g), diese zu Kugeln formen und in die Vertiefungen legen. Mit einem Geschirrtuch abdecken und etwa 30 Minuten ruhen lassen.
3. Währenddessen den Backofen auf 180 °C vorheizen.
4. In einer kleinen Schüssel das Eigelb mit dem restlichen Esslöffel Milch verquirlen. Die Babas behutsam damit einpinseln. Dann 30–40 Minuten goldbraun backen.
5. **Für den Sirup** in einem mittelgroßen Topf Kirschlikör, Zucker und Zitronensaft mit 480 ml Wasser zum Kochen bringen, dabei umrühren, bis sich der Zucker auflöst. Vom Herd nehmen und leicht abkühlen lassen.

6. Die Babas aus den Förmchen nehmen und in eine große, flache Schüssel legen. Die warmen Babas mit der Hälfte des Sirups übergießen und warten, bis sie ihn vollständig aufgenommen haben, dann wenden und mit dem restlichen Sirup – minus 3 EL, die für später aufbewahrt werden – übergießen. Die Babas 1–2 Stunden in den Kühlschrank stellen.

7. Die Babas rechtzeitig aus dem Kühlschrank nehmen, damit sie bis zum Servieren Zimmertemperatur angenommen haben. Die Oberseite der Babas mit dem aufbewahrten Sirup beträufeln, mit Schlagsahne und eingemachten Kirschen anrichten.

Orangen-Apfel-Pie
mit Baiser und Streuseln

SZARLOTKA

Eines Tages beschloss ich, nichts Süßes mehr zu essen. (Ja, ich weiß, eine dumme Idee!) Ich warf all meine Pralinen weg, die ich mir für dunkle Tage aufgehoben hatte, und kaufte größere Mengen Kaugummi, die dabei helfen sollten, meine Lust auf Kuchen zu neutralisieren. Ich zählte die Tage, um zu sehen, wie lange ich durchhielt. Dann war da auf einmal dieser vertraute Duft: Butter, Zimt und gebackene Äpfel – der Apfelkuchen meiner Mutter. Ich wollte ihn nur anschauen. Die Apfelfüllung ein wunderschönes Gold, darauf eine weiße, weiche Baisermasse, versteckt unter einer üppigen Menge Streusel. Der knusprige Teig sah so schön blättrig und buttrig aus, ich konnte einfach nicht widerstehen! Ich nahm einen Bissen, dann noch einen und noch einen … Seitdem weiß ich, dass ein Leben ohne *szarlotka* sinnlos ist.

ERGIBT: 8 Portionen / ZUBEREITUNG: 30 Minuten / KOCHZEIT: 30 Minuten
KÜHLZEIT: 1 Stunde / BACKZEIT: 55 Minuten

FÜR DIE FÜLLUNG

1 EL Butter (15 g)

2 EL abgeriebene Orangenschale (von 2 mittelgroßen Bio-Orangen)

1,3 kg Äpfel der Sorte Golden Delicious, geschält, vom Kerngehäuse befreit und in etwa 1 cm große Würfel geschnitten

Saft von ½ Zitrone

150 g Orangenmarmelade

1 EL Speisestärke

FÜR TEIG UND BAISER

400 g Weizenmehl

200 g Zucker

1 TL Salz

280 g kalte Butter, in Würfel geschnitten

3 große Eier, getrennt

1 Vanilleschote, längs aufgeschnitten, oder 1 TL Vanilleextrakt

2 EL Speisestärke

3 EL Puderzucker

1. **Für die Füllung** in einem großen Topf die Butter bei mittlerer Temperatur erhitzen. Die Orangenschale hineingeben und etwa 1 Minute erwärmen, bis sie duftet. Äpfel und Zitronensaft hinzufügen. Garen, bis die Äpfel weich sind und zu Kompott zu zerfallen beginnen. Orangenmarmelade und Speisestärke unterrühren. Vollständig abkühlen lassen.

2. **Für den Teig** Mehl mit 100 g Zucker und Salz mischen. Die Butter hinzufügen und mit den Fingerspitzen einarbeiten, bis die Mischung etwa die Konsistenz von Semmelbröseln besitzt. Die Eigelbe zugeben und mit einer Gabel untermischen.

3. Den Teig im Verhältnis von 70 : 30 in zwei Portionen teilen. Die kleinere Teigportion fest in Frischhaltefolie wickeln und 1 Stunde in den Kühlschrank legen, bis sie fest geworden ist.

bitte umblättern …

4. Währenddessen die größere Teigportion in eine Backform mit Hebeboden mit 23 cm Durchmesser geben. Den Teig mit den Fingerspitzen gleichmäßig auf den Formboden drücken und einen halbhohen Rand hochziehen. Etwa 15 Minuten im Tiefkühler gefrieren lassen, bis der Teig fest geworden ist.

5. Den Backofen auf 190 °C vorheizen. Den Teigboden mehrfach mit einer Gabel einstechen. Etwa 15 Minuten goldbraun backen. Vollständig abkühlen lassen. Den Ofen nicht ausschalten.

6. **Für das Baiser** die Eiweiße mit dem Handrührer 1 Minute lang weiß-schaumig aufschlagen. Bei laufendem Motor den restlichen Zucker (100 g) einrieseln lassen. Etwa 2 Minuten weiterschlagen, bis feste Spitzen stehen bleiben. Das ausgekratzte Vanillemark hinzufügen (die Schote anderweitig verwerten). Die Speisestärke zugeben und unterrühren.

7. Die Apfelfüllung auf dem abgekühlten Teig in der Backform verteilen. Die Baisermasse mit einem Teigspatel behutsam daraufstreichen.

8. Den restlichen Teig raspeln und über das Baiser streuen. Im Ofen 35–40 Minuten hell goldbraun backen. Abkühlen lassen, dann in Stücke schneiden und mit Puderzucker bestreut servieren.

Heferolle mit Mohnfüllung

MAKOWIEC

Immer zur Weihnachtszeit duftet es aus den Backöfen polnischer Haushalte betörend nach Mohnsamen und buttrigem Hefeteig. Bei der Köstlichkeit namens *makowiec* handelt es sich um eine Rolle aus Hefeteig, die verschwenderisch gefüllt ist mit Mandelblättchen, gehackten Walnüssen, Honig, getrockneten Früchten und – am allerwichtigsten – Mohnsamen, die in Milch gekocht werden, bis sie weich sind. Die machen geradezu süchtig. Für den Teig in diesem Rezept braucht man etwas Geduld, er muss erst geknetet werden und dann gehen, aber vertrau mir: Die Freude, die eine noch warme Scheibe davon auslöst, übertrifft den Arbeitsaufwand um ein Vielfaches. Für mich ist der *makowiec* ein ganz besonderer Kuchen, den es nur eine kurze Zeit im Jahr gibt – aber ich bin jederzeit bereit, ihn zu backen (und zu essen).

····· ERGIBT: 2 Rollen / ZUBEREITUNG: 30 Minuten / GEHZEIT: 2 Stunden / BACKZEIT: 40 Minuten ·····

FÜR DEN TEIG

320 g Weizenmehl plus mehr zum Formen

50 g Zucker

1 Päckchen Trockenhefe (7 g)

1 kräftige Prise Salz

3 große Eier

100 ml Milch

115 g Butter, in Würfel geschnitten

Pflanzenöl

FÜR DIE FÜLLUNG

140 g Mohnsamen

250 ml Milch, erhitzt

140 g Zucker

3 EL Honig

40 g Mandelblättchen

50 g Walnusskerne, gehackt

50 g getrocknete Aprikosen, gehackt

2 EL klein gehackte kandierte Orangenschale

3 EL Orangenlikör

2 große Eier, getrennt

FÜR GLASUR UND TOPPING

3 EL frisch gepresster Zitronensaft

130 g Puderzucker

3 EL gehackte oder in Streifen geschnittene kandierte Orangenschale

bitte umblättern ...

1. **Für den Teig** das Mehl mit Zucker, Hefe und Salz in eine Rührschüssel geben. Dann 2 Eier und 80 ml Milch hinzufügen. Auf mittlerer bis hoher Stufe kneten, bis sich die Zutaten miteinander verbunden haben, dann die Butter langsam esslöffelweise zugeben. Etwa 8 Minuten kneten, bis ein seidig weicher Teig entstanden ist.

2. Eine große Schüssel mit Öl einfetten und den Teig in die Schüssel legen. Die Schüssel mit einem Geschirrtuch abdecken und etwa 1½ Stunden gehen lassen, bis sich das Teigvolumen verdreifacht hat.

3. **Für die Füllung** die Mohnsamen in der Küchenmaschine mahlen, bis sie fluffig sind, dann in eine große Schüssel umfüllen. Alternativ den Mohn portionsweise im Mörser zerreiben. Die heiße Milch zugießen, dann 20–30 Minuten quellen lassen, bis die Mohnsamen die gesamte Milch aufgenommen haben. Falls nötig, überschüssige Milch abtropfen lassen.

4. Nun 100 g Zucker, Honig, Mandeln, Walnüsse, getrocknete Aprikosen, kandierte Orangenschale, Orangenlikör und Eigelbe zu den Mohnsamen geben. In einer zweiten mittelgroßen Schüssel die Eiweiße etwa 5 Minuten aufschlagen, bis Spitzen stehen bleiben. Weiterschlagen und dabei die restlichen 3 EL Zucker einzeln nacheinander einrieseln lassen. Den Eischnee behutsam unter die Mohnmischung heben.

5. Die Arbeitsfläche leicht bemehlen und den Teig darauflegen. Den Teig mit etwas Mehl bestäuben und zweimal über die gesamte Teigfläche zusammenfalten, dann in zwei gleiche Portionen teilen. Die eine Portion auf einem leicht bemehlten Backpapier zu einem 20 × 10 cm großen Rechteck ausrollen.

6. Die Hälfte der Füllung darauf verstreichen, dabei ringsum einen 2,5 cm breiten Rand frei lassen. Das Teigrechteck nun mit beiden Händen von der kürzeren Seite her wie eine Roulade aufrollen. Den Teig zu einer perfekten dicken Rolle rollen und mit der Nahtstelle nach unten hinlegen. Die Rolle auf dem Backpapier in eine 22 × 12 cm große Kastenform heben. Den restlichen Teig und die übrige Füllung auf dieselbe Weise verarbeiten. Beide Rollen jeweils mit einem Geschirrtuch abdecken und 30–40 Minuten ruhen lassen, bis sie deutlich aufgegangen sind.

7. In der Zwischenzeit den Backofen auf 180 °C vorheizen.

9. In einer kleinen Schüssel das restliche Ei mit 1 EL Milch verquirlen. Die Hefeteigrollen sanft damit bestreichen, dann 30–40 Minuten backen, bis sie sich appetitlich goldbraun gefärbt haben. Zuerst 15 Minuten in den Backformen abkühlen lassen, dann auf einen Gitterrost stürzen und vollständig abkühlen lassen.

10. **Für die Glasur** den Zitronensaft in einem kleinen Topf bei niedriger Temperatur erwärmen. Vom Herd nehmen und sorgfältig den Puderzucker unterrühren. Die abgekühlten Rollen mit der Glasur übergießen. Mit der kandierten Orangenschale bestreuen.

Tipp: Der *makowiec* ist 4 Tage bei Zimmertemperatur haltbar oder lässt sich gut verpackt bis zu 2 Monate einfrieren. Er wird dabei etwas austrocknen, daher empfehle ich, die Scheiben in etwas Butter aufzubacken.

Marmeladen, Eingemachtes & Co.

Konfitury, dżemy i kiszonki

Ich liebe diesen ganzen Prozess bei der Herstellung von Eingemachtem und Marmeladen sehr. Es ist, als ob ich den Sommer in einem Glas einfinge, das ich jederzeit öffnen und genießen kann, selbst an den frostigsten Dezembertagen. Ich betreibe in meinem Apartment keine Konservenfabrik mit einem Durchsatz von vielen Dutzend Einmachgläsern pro Sommer (ich kenne aber Leute, die das machen), aber ich gehe gern auf den Markt, suche mir das schönste Obst und Gemüse aus, kaufe sehr viel mehr davon, als ich eigentlich brauche, und verarbeite es dann in zahlreichen Gläsern. Eine sehr lohnenswerte Sache!

Marmelade und Eingemachtes müssen bei mir immer etwas Besonderes sein. Ich kombiniere Rosenblütenblätter mit Himbeeren (S. 234), mische Erdbeeren mit Limette und Mandeln (S. 233) und komponiere ein Apfelkompott mit brauner Butter und Cidre (S. 230). Solche Kombinationen sind in Geschäften nicht so häufig zu finden. Sie eignen sich ebenfalls wunderbar als kleine Geschenke. Das weiß ich, denn nachdem ich sie verschenkt habe, hören meine Freunde gar nicht mehr auf zu schwärmen.

Eingelegtes Gemüse ist eine deutlich ernstere Angelegenheit, aber definitiv der Mühe wert. Nichts schmeckt so gut wie Dillgurken in Salzlake (S. 237) – hausgemachte eingelegte frische Gurken, die noch die Frische einer rohen Gurke besitzen, ergänzt durch eine leicht fermentierte Note. Ebenso empfehle ich die fermentierten Salzradieschen (S. 241), die eine tolle Bereicherung in Salaten sind.

Zwetschgenmus

POWIDŁA ŚLIWKOWE

Ich liebe *powidła*, weil ich kein Fan von allzu süßen Marmeladen bin. *Powidła* wird immer aus Zwetschgen und gewöhnlich ohne zusätzliche Süßungsmittel gemacht. Feines *powidła* erfordert schon etwas Sorgfalt beim Kochen, aber ich finde, es ist die Mühe wert, um am Ende die gewünschte Süße und Konsistenz zu erhalten. Die kleine Menge Zimt und Orange, die ich in diesem Rezept zugebe, macht das Ganze noch köstlicher.

ERGIBT: 2 Gläser à ca. 350 g / **ZUBEREITUNG:** 10 Minuten / **KOCHZEIT:** 2 Stunden

2 kg sehr reife Zwetschgen oder Damaszenerpflaumen, halbiert und entsteint

2 EL Butter (30 g)

1 TL gemahlener Zimt

1 TL abgeriebene Schale von einer Bio-Orange

60 ml Orangensaft, frisch gepresst

bis zu 200 g Zucker (optional)

1. Die Zwetschgen mit Butter, Zimt, Orangenschale und Orangensaft in einen großen Topf geben.
2. Bei niedriger Temperatur 1½–2 Stunden köcheln, bis die Flüssigkeit fast vollständig eingekocht ist. Häufig umrühren, damit die Mischung nicht am Topfboden ansetzt und anbrennt. Falls die Zwetschgen nicht sehr süß oder reif sind, nach Bedarf Zucker hinzufügen.
3. Während das Mus kocht, die Gläser mit Wasser und Spülmittel reinigen, gründlich ausspülen und 15 Minuten bei 120 °C im Backofen erhitzen. Das heiße Mus in die heißen sterilisierten Gläser füllen, dabei einen knapp 1 cm hohen Rand frei lassen. Mit sterilisierten Deckeln verschließen und im Backofen 10 Minuten bei 180 °C einkochen.
4. Die Gläser vollständig abkühlen lassen, dann zum Aufbewahren an einen kühlen, trockenen, dunklen Ort stellen.

Tipp: In der Vorratskammer ist das Zwetschgenmus ungeöffnet etwa 1 Jahr haltbar. Werden die Gläser am Ende nicht eingekocht, kann das Mus bis zu 3 Wochen im Kühlschrank aufbewahrt oder 1 Jahr lang eingefroren werden.

Apfelkompott
mit brauner Butter und Cidre

MUS JABŁKOWY Z CYDREM I PALONYM MASŁEM

Polen ist ein Apfelland. Hier gibt es unzählige verschiedene Sorten, ich selbst mag jedoch die knackigen, säuerlichen wie *szara reneta* am liebsten. Sie sind perfekt für den Orangen-Apfel-Pie mit Baiser und Streuseln (S. 217). Falls Renetten nicht erhältlich sind, können auch andere säuerliche Sorten wie Mutsu oder Granny Smith verwendet werden. Mit nussig brauner Butter und der warmen Kardamomnote schmeckt dieses Kompott nach Herbst pur. Durch die Verwendung von trockenem Cidre behält das Kompott seine Säure, was perfekt mit seiner cremigen Konsistenz harmoniert.

ERGIBT: 500 g / **KOCHZEIT:** 30 Minuten / **EINWEICHEN:** 8 Stunden oder über Nacht

900 g Äpfel der Sorte Renette, Mutsu oder Granny Smith, geschält, vom Kerngehäuse befreit und klein geschnitten

50 g Zucker

1 EL frisch gepresster Zitronensaft

120 ml trockener Cidre

½ TL gemahlener Kardamom

60 g Butter

1. Die Äpfel mit Zucker, Zitronensaft, Cidre und Kardamom in einem mittelgroßen Topf vermischen. Zum Kochen bringen und ohne Deckel 20–30 Minuten bei niedriger Temperatur köcheln, bis sie weich geworden sind und zerfallen, dabei ab und zu umrühren. Vom Herd nehmen.
2. Inzwischen die braune Butter herstellen. Dazu in einer mittelgroßen Pfanne die Butter 6–8 Minuten bei niedriger Temperatur erhitzen, bis sie eine goldbraune Färbung annimmt und nussig zu duften beginnt. Vom Herd nehmen.
3. Die braune Butter unter das Apfelkompott rühren. Das Kompott in Gläser abfüllen. Es ist im Kühlschrank 5 Tage haltbar.

Erdbeer-Limetten-Marmelade
mit Mandelblättchen

TRUSKAWKOWO-LIMONKOWA KONFITURA Z PŁATKAMI MIGDAŁOWYMI

Einen Sommer lang waren meine Mutter und ich einmal völlig besessen vom Einkochen. Wir fuhren zum Bauernmarkt, auf dem es die süßesten Früchte gab. So kamen wir auf die Idee, Erdbeeren mit Mandelblättchen, die für einen angenehmen Crunch sorgen, und reichlich erfrischender Limette zu kombinieren.

ERGIBT: 3 Gläser à ca. 350 g / **ZUBEREITUNG:** 10 Minuten / **KOCHZEIT:** 20 Minuten

900 g Erdbeeren, entkelcht und geviertelt

400 g Zucker

1 EL Butter (15 g)

1 TL Pektinpulver

60 g Mandelblättchen

Saft und abgeriebene Schale von 1 Bio-Limette

1. Die Erdbeeren mit dem Zucker in einen großen Topf geben. Unter gelegentlichem Rühren etwa 10 Minuten bei niedriger Temperatur köcheln, bis sie Saft abgeben.
2. Butter, Pektin, Mandeln, Limettensaft und -schale unterrühren. Zum Kochen bringen und 10 Minuten kochen, bis die Marmelade glänzt, dabei ab und zu umrühren.
3. Während die Marmelade kocht, die Gläser mit Wasser und Spülmittel reinigen, gründlich ausspülen und die leeren Gläser 15 Minuten bei 120 °C im Backofen erhitzen. Die heiße Konfitüre in die heißen sterilisierten Gläser füllen, dabei einen knapp 1 cm hohen Rand frei lassen. Mit sterilisierten Deckeln verschließen und im Backofen 10 Minuten bei 180 °C einkochen.
4. Die Gläser vollständig abkühlen lassen, dann zum Aufbewahren an einen kühlen, trockenen, dunklen Ort stellen.

Tipps: In der Vorratskammer ist die Marmelade ungeöffnet etwa 1 Jahr haltbar.

Das Rezept lässt sich problemlos vervielfachen.

Himbeermarmelade
mit Rosenblütenblättern

KONFITURA MALINOWA Z PŁATKAMI RÓŻANYMI

Diese Marmelade ist nicht sehr süß dank der natürlichen Säure der Himbeere und des edlen Aromas der Rosenblütenblätter. Eine äußerst elegante Kombination, die auf jeden Fall lange in Erinnerung bleiben wird. Sie zählt zu meinen Lieblingsaufstrichen für meinen morgendlichen Hefezopf.

ERGIBT: 4 Gläser à ca. 230 g / **ZUBEREITUNG:** 20 Minuten / **KOCHZEIT:** 2 Stunden

1,3 kg Himbeeren

400 g Zucker

Saft von 1 Zitrone

1 EL Butter (15 g)

3 EL getrocknete Rosenblütenblätter

2 EL Rosenwasser

1. Die Himbeeren mit dem Zucker und dem Zitronensaft in einem großen Topf mit schwerem Boden vermischen. Etwa 20 Minuten stehen lassen, bis die Himbeeren Saft ziehen.

2. Die Himbeermischung zum Kochen bringen, dann die Butter zugeben. Bei niedriger Temperatur 2 Stunden köcheln, bis ein Großteil der Flüssigkeit verdampft und die Konfitüre eingedickt ist, dabei zu Anfang nur gelegentlich und sobald die Mischung dickflüssiger wird, öfters umrühren (mit zunehmender Zuckerkonzentration nimmt auch das Risiko zu, dass die Konfitüre anbrennt). Nach 1½ Stunden Kochzeit die Rosenblütenblätter unterrühren.

3. Vom Herd nehmen und das Rosenwasser hinzufügen.

4. Während die Marmelade auf dem Herd köchelt, die Gläser mit Wasser und Spülmittel reinigen, gründlich ausspülen, dann die leeren Gläser 15 Minuten bei 120 °C im Backofen erhitzen. Die heiße Marmelade in die heißen sterilisierten Gläser füllen, dabei einen knapp 1 cm hohen Rand freilassen. Mit sterilisierten Deckeln verschließen und im Backofen 10 Minuten bei 180 °C einkochen.

4. Die Gläser vollständig abkühlen lassen, dann zum Aufbewahren an einen kühlen, trockenen, dunklen Ort (oder in den Kühlschrank) stellen. Die Marmelade ist bis zu 5 Monate haltbar.

Dillgurken in Salzlake

OGÓRKI KISZONE

Beim Einlegen in Salzlake wird die traditionelle Methode der natürlichen Fermentation angewandt. Dadurch wird das Eingelegte sauer, weder Essig noch Zucker sind beteiligt. Der Fermentierungsprozess hängt vom Vorhandensein des Bakteriums Lactobacillus ab, das natürlicherweise auf der Schale von Gurken vorkommt. Allerdings wird es während der kommerziellen Ernte- und Verpackungsprozesse möglicherweise entfernt. Deshalb ist es am besten, die Gurken möglichst auf einem Erzeugermarkt zu kaufen. Kleine Einlegegurken oder Fingergurken sind perfekt.

ERGIBT: 1 Einmachglas (3 l) / ZUBEREITUNG: 15 Minuten / FERMENTIERZEIT: 5 Tage

4 EL feines Meersalz

2 l Mineralwasser

3,5 kg kleine Einlegegurken oder Fingergurken

1 Knoblauchknolle

1 ganzer Dillzweig mit Dolde und grünen Samen

2,5 cm Meerrettichwurzel

4 ungespritzte Weinblätter

1 TL Senfsamen

1. Das Einmachglas sehr sorgfältig reinigen, dann trocknen. In einem großen Messbecher oder einem Krug das Meersalz im Mineralwasser auflösen.
2. Die Hälfte der Gurken in das Einmachglas legen. Knoblauch, Dillzweig, Meerrettich, Weinblätter, Senfsamen und danach die restlichen Gurken einfüllen, dabei einen 2,5–5 cm hohen Rand frei lassen. Darauf achten, dass alle Gurken vollständig von der Salzlake bedeckt sind (falls nicht, 1–2 Gurken wieder herausnehmen). Das Glas mit einem dicht schließenden Deckel verschließen.
3. Bei Zimmertemperatur 24 Stunden fermentieren lassen. Die Lake sollte nun trüb und von Bläschen durchsetzt sein. Das Glas in den Kühlschrank oder an einen anderen kühlen Ort (z. B. den Keller) stellen. Nach 4 Tagen sollten die Gurken noch knackig und halb sauer sein. Nach 3–4 Wochen sollten sie weicher und komplett sauer sein. An einem dunklen, kühlen Ort sind die Dillgurken bis zu 6 Monate haltbar.

Tipps: Die Dillgurken können auch in mehreren kleinen Einmachgläsern zubereitet werden.

Keine Sorge wegen der Bläschen oder einem zischenden Geräusch – das bedeutet nur, dass die Fermentation funktioniert. Solltest du aber irgendwo Schimmel entdecken oder sind die Dillgurken innen hohl, musst du sie entsorgen. Die fertigen Dillgurken sollten keinesfalls matschig sein.

Sauerkraut

KISZONA KAPUSTA

Sauerkraut zu Hause herzustellen, ist nicht ganz so verbreitet, wie Dillgurken selbst einzulegen. Das Ganze ist etwas schwieriger und zeitaufwendiger, aber es lohnt sich – das Ergebnis ist wirklich köstlich!

ERGIBT: 1 Einmachglas (3 l) / **ZUBEREITUNG:** 15 Minuten / **FERMENTIERZEIT:** 2 Wochen

4 EL feines Meersalz

2 l Mineralwasser

1 Weißkohl (900 g)

1 TL Salz

1 mittelgroßer Apfel (200 g), vom Kerngehäuse befreit und in Scheiben geschnitten

4 Lorbeerblätter

1. Das Einmachglas sehr sorgfältig reinigen, dann trocknen. In einem großen Messbecher oder einem Krug das feine Meersalz im Mineralwasser auflösen.
2. Den Kohlkopf vom Strunk befreien und dünn hobeln, dann in eine große Schüssel füllen und mit dem Salz bestreuen. Den Kohl mit sauberen Händen kneten, bis sich Flüssigkeit bildet (diese zur Salzlake geben).
3. Den Weißkohl mit den Apfelscheiben und den Lorbeerblättern in das Einmachglas füllen. Mit dem gesalzenen Mineralwasser übergießen, dabei einen 2,5–5 cm hohen Rand frei lassen (die Flüssigkeit darf den Deckel nicht berühren, sonst läuft das Glas später über). Darauf achten, dass der Weißkohl vollständig von der Salzlake bedeckt ist (falls nicht, wieder etwas Kohl herausnehmen). Das Glas mit einem dicht schließenden Deckel verschließen.
4. Bei Zimmertemperatur etwa 2 Wochen fermentieren lassen. Das Sauerkraut sollte danach weicher und angenehm sauer sein. Das Glas ist im Kühlschrank ein paar Monate haltbar.

   Tipp: Keine Sorge wegen der Bläschen oder einem zischenden Geräusch – das bedeutet nur, dass die Fermentation funktioniert. Solltest du aber irgendwo Schimmel entdecken, muss das Sauerkraut entsorgt werden. Das fertige Sauerkraut sollte keinesfalls matschig sein.

Fermentierte Salzradieschen

KISZONE RZODKIEWKI

Wenn ich das – auf positive Art – überraschendste fermentierte Gemüse auswählen sollte, wären es Radieschen. Damit stehe ich übrigens nicht alleine da, denn diese kleinen pinkfarbenen Schönheiten sind in angesagten Restaurants gerade äußerst beliebt. Eingelegte Radieschen sind weich, dabei aber noch knackig – ideal als erfrischender Snack. Sie können für ein Relish verwendet werden wie im Kartoffelsalat mit fermentierten Radieschen und Birne (S. 134). Was ich an diesem Rezept ganz besonders mag, ist die feine Note von Honig und Piment, die das Gemüse auf ein neues Level hebt.

ERGIBT: 1 Einmachglas (3 l) / **ZUBEREITUNG:** 15 Minuten / **FERMENTIERZEIT:** 5 Tage

4 EL feines Meersalz

2 EL Honig

2 Liter Mineralwasser

4–6 Bund Radieschen (insgesamt 675 g)

1 EL Pimentkörner

1. Das Einmachglas sehr sorgfältig reinigen, dann abtrocknen. Das Meersalz und den Honig im Mineralwasser auflösen.
2. Von den Radieschen die Blätter und die Stiele entfernen und wegwerfen. Die Radieschen mit den Pimentkörnern in das Einmachglas füllen. Mit der Salzlake übergießen, dabei einen 2,5–5 cm hohen Rand frei lassen (die Flüssigkeit darf den Deckel nicht berühren, sonst läuft das Glas später über). Darauf achten, dass alle Radieschen vollständig von der Salzlake bedeckt sind (falls nicht, wieder ein paar herausnehmen). Das Glas mit einem dicht schließenden Deckel verschließen.
3. Bei Zimmertemperatur 4–5 Tage fermentieren lassen. Das Glas ist im Kühlschrank ein paar Monate haltbar.

Tipps: Die Salzradieschen können auch in 4 kleineren Einmachgläsern à 500 ml Inhalt anstatt in einem einzigen großen zubereitet werden.

Keine Sorge wegen der Bläschen oder einem zischenden Geräusch – das bedeutet nur, dass die Fermentation funktioniert. Solltest du aber irgendwo Schimmel entdecken, müssen die Radieschen entsorgt werden. Die fertigen Radieschen sollten keinesfalls matschig sein.

Buchweizen-Popcorn

POPCORN Z KASZY GRYCZANEJ

Dieses Rezept ist eine Ode an den Buchweizen! Sein Geschmack ist intensiv nussig und der Duft himmlisch. Gepoppter Buchweizen ist nicht so luftig wie das klassische Popcorn, aber durch seinen Crunch lässt er sich wunderbar als Topping einsetzen. Besonders gern streue ich es als Garnitur über meine Kartoffel-Buchweizen-Rouladen mit Tomaten-Wodka-Sauce (S. 112).

ERGIBT: ca. 100 g / **KOCHZEIT:** 10 Minuten

720 ml Sonnenblumenöl
100 g ganze Buchweizenkörner
Meersalzflocken

1. In einem kleinen Topf das Öl bei mittlerer Temperatur erhitzen. Dann die Buchweizenkörner in Portionen von 1–2 EL jeweils 5–10 Sekunden hineingeben, bis sie zu poppen beginnen. Die gepoppten Körner mit einem feinmaschigen Sieb aus dem Öl schöpfen und auf Küchenpapier abtropfen lassen. Fortfahren, bis sich der gesamte Buchweizen in Popcorn verwandelt hat.
2. Das Buchweizen-Popcorn mit den Meersalzflocken bestreuen. Als Snack oder als Topping (z. B. auf Piroggen), warm oder bei Zimmertemperatur servieren.

Danksagung

Dieses Buch erfüllt mich mit Nostalgie. Es lässt mich an die Freunde und Familienmitglieder denken, die mich dazu inspirierten, die Gerichte zu kochen, die auf diesen Seiten stehen. Den größten Einfluss hatten natürlich meine Mutter Anna und meine Großmutter Zosia. Sie lehrten mich die Freude am Essen und weckten mein Bedürfnis, andere kulinarisch zu verwöhnen. Dafür danke ich euch. Ich liebe euch.

Es haben mir so viele Freundinnen und Freunde geholfen, dass ich gar nicht allen einzeln danken kann – aber ich bin so dankbar, dass es sie gibt. Sie haben mich immer unterstützt und mir dabei geholfen, zu dem zu werden, der ich heute bin: ein stolzer Koch und Foodjournalist. Sie begleiteten mich durch meine schwersten Zeiten und wussten immer, wie sie mich aufheitern konnten, wenn es nötig war. Ganz besonders denke ich hier an euch: Zosia, Patrycja, Karolina und Wiktoria. Ein Dankeschön an all meine Freunde, die bereitwillig alles essen, was ich zubereite – und sich stets dafür bedanken. Ich bin euch sehr dankbar dafür.

Ich möchte mich bei meinen Freunden bedanken, die mir dabei halfen, während der Fotoshootings die Schönheit der Gerichte festzuhalten. Ihr wart die absolut besten Models und Küchenhilfen: Wiktoria Aleksandrowicz, Katarzyna Pruszkiewicz, Krzysiek Marcinkowski, Wiktoria Szczepanowska, Wojtek Rożdżeński und Zosia Zając.

Ich möchte auch allen danken, die an mich geglaubt haben: den Herausgebern der Zeitschrift *Saveur*, die mich zum besten Foodblogfotografen gekürt haben, als ich erst 19 Jahre alt war; Ewa Wagner, der Chefredakteurin der polnischen Zeitschrift *Kuchnia*, die mir die erste Chance gab, über Kulinarisches zu schreiben; und dem Verlag The Experiment für den Vorschlag, ich solle ein Kochbuch schreiben, und dass sie meine Vision begeistert förderten.

Ich danke meinen Lektorinnen Olivia Peluso und Jennifer Kurdyla für ihre wertvollen Ratschläge und dafür, dass sie jede einzelne Seite dieses Buchs begleiteten; Beth Bugler für die wunderschöne Gestaltung und allen bei The Experiment, die daran beteiligt waren, dieses Kochbuch zu etwas ganz Besonderem zu machen.

Ein Dankeschön auch an Judy Linden, dass sie die beste Literaturagentin der Welt ist. Deine Unterstützung und deine Hilfe sind unbeschreiblich.

Und ich darf den Rest meiner Familie nicht vergessen. Besonders danken möchte ich meinem Vater, dass er all meinen verrückten kulinarischen Ideen mit so viel Geduld begegnet ist, und meinem Bruder, dass er die Website für meinen Blog kreiert hat. Damit begann die Reise.

Last but not least: danke an alle, die mein Instagram und meinen Blog Rozkoszny.pl lesen, die täglich mit mir kochen und mir von Anfang an vertraut haben. Dieses Kochbuch gibt es nur wegen euch!

Zutatenregister

O

P

Q

R

S

T

W

Z

Liebe Leser:innen,

wir freuen uns, dass wir mit diesem Buch Teil eurer kulinarischen Reise sein dürfen. Noch mehr Inspiration, köstliche Anregungen und kreative Erlebnisse findet ihr auf unserer Verlagsseite **www.stiebner.com**.

Lasst uns zusammen genießen!

Wir sind immer offen für eure Anregungen, Wünsche und Kritik – schreibt uns gerne unter **verlag@stiebner.com**.

Da geteilte Freude bekanntlich doppelte Freude ist: Zeigt uns eure kulinarischen Kreationen auf Social Media! Markiert uns mit **@stiebnerverlag** oder nutzt die folgenden Hashtags: #StiebnerVerlag #StiebnerGenuss #PolenVegetarisch

Erstmals erschienen unter dem Titel »Fresh From Poland. New Vegetarian Cooking from the Old Country«
bei The Experiment, LLC, New York, USA, vertreten durch Agentur Brauer, München

2. Auflage 2024

Text und Fotografie: Michał Korkosz (außer Foto S. 7: Katarzyna Pruszkiewicz)
Coverillustration: Wiktoria Matynia – stock.adobe.com
Übersetzung aus dem Amerikanischen: Susanne Kammerer
Covergestaltung: Danai Afrati
Layout: Beth Bugler, Danai Afrati
Projektleitung und Lektorat der deutschen Ausgabe: Dr. Verena Stindl
Gedruckt bei Polygraf print, Slowakei

FSC MIX Aus verantwortungsvollen Quellen FSC® C023577 www.fsc.org

ISBN 978-3-8307-1066-0

Bibliografische Information der Deutschen Nationalbibliothek:
Die Deutsche Nationalbibliothek verzeichnet diese Publikation in der Deutschen Nationalbibliografie; detaillierte bibliografische Daten sind im Internet über http://dnb.dnb.de abrufbar.

www.stiebner.com